TUJIE
QICHE XINPIAN JISHU

图解
汽车芯片技术

郭建英　主编

化学工业出版社
·北京·

内容简介

本书系统介绍了汽车上形形色色的芯片，涵盖汽车发动机芯片（发动机电源芯片、喷油器驱动芯片、点火控制芯片、怠速控制芯片）、汽车变速器芯片（自动变速器电源芯片、电磁阀控制器芯片、手动挡位置显示驱动芯片、信号转换芯片、故障诊断芯片、CAN通信芯片、CPU芯片、存储器芯片）、汽车车身芯片（车身控制芯片、巡航控制芯片）、汽车底盘芯片（ABS芯片、空气悬架系统芯片）、汽车传感器和执行器控制芯片等。重点介绍这些芯片在汽车中的作用、电路原理和控制方法，并结合一线车间真实案例，讲解了汽车电脑板芯片级维修方法、要领和汽车芯片常见故障的基本诊断步骤、技巧。

本书内容新颖、图文表并茂、操作步骤清晰、通俗易懂、实用性强，适合汽车维修技术人员阅读，可作为职业技术院校汽车相关专业师生的教材以及汽车维修培训机构的教学参考用书。

图书在版编目（CIP）数据

图解汽车芯片技术 / 郭建英主编. -- 北京 ：化学工业出版社，2025. 9. -- ISBN 978-7-122-48478-9

Ⅰ. F426.471-64

中国国家版本馆CIP数据核字第2025KU2810号

责任编辑：黄　滢
责任校对：张茜越
装帧设计：王晓宇

出版发行：化学工业出版社
　　　　　（北京市东城区青年湖南街13号　邮政编码100011）
印　　装：天津市豪迈印务有限公司
710mm×1000mm　1/16　印张10　字数173千字
2025年10月北京第1版第1次印刷

购书咨询：010-64518888
售后服务：010-64518899
网　　址：http ://www.cip.com.cn
凡购买本书，如有缺损质量问题，本社销售中心负责调换。

定　　价：78.00元　　　　　　　　　　版权所有　违者必究

　　汽车芯片，也被称为汽车半导体，是汽车电子控制系统的核心部件，负责控制和管理车辆的各种功能。汽车芯片工作状况在很大程度上决定了汽车的使用性能。

　　汽车芯片是一种精密的集成电路元器件，其工作原理复杂、造价高、使用和维护费用都很高，且损坏后难以修复，如果没有专门的理论书籍作指导和系统的培训，对于汽车维修技术初学者和入门者而言，其操作方法和技术要领在短时间内都很难掌握。鉴于此，在化学工业出版社的组织下，特编写了本书。

　　本书共分9章进行，系统介绍了汽车各大总成部件中形形色色的芯片，包括发动机芯片、汽车变速器芯片、汽车车身芯片、汽车底盘芯片、汽车传感器和执行器控制芯片等。重点阐述这些总成部件中芯片的类型、特点、在汽车中的作用和系统控制原理等内容，并结合一线车间真实案例，讲解了汽车电脑板芯片级维修方法、要领和汽车芯片常见故障的基本诊断步骤、技巧。

　　本书的编写力求以新颖实用为主，没有涉及高深的专业理论知识，文字简练。讲解过程中充分发挥了图解的特色，以"全彩图解"的形式向读者传授汽车芯片技术的基本知识，真正做到用"图"说话——以"图"代"解"，以"解"说"图"，一目了然，通俗易懂。此外，本书还配有电子教学课件PPT，有需要的读者可发邮件至 huangying0436@163.com，免费领取（请提供购书截屏）。

　　本书适合汽车维修技术初学者和入门者自学使用，可作为大专院校、职业技术院校汽车相关专业师生的参考教材，可供汽车制造和汽车维修相关工程技术人员参考，也可作为企业培训用书。

　　本书由郭建英任主编，彭川、黎文武参编。由于笔者水平所限，书中疏漏和不足之处在所难免，恳请广大读者批评指正。

编者

目录 CONTENTS

第8章　汽车芯片常见故障诊断 / 072

第1章

汽车芯片技术基础

1.1 汽车芯片材料

汽车芯片的制造涉及多种材料，主要包括以下几类。

（1）硅片

硅片是制造汽车芯片的基础材料，它是一种高纯度的硅晶体，具有良好的导电性和半导体特性。硅片的制造需要经历多个步骤，包括单晶生长、切割、抛光和清洗等。全球范围内，有多家供应商专门生产汽车芯片所需的高质量硅片。

（2）化学品

制造汽车芯片还需要使用多种化学品，如光刻胶、清洗溶剂和腐蚀液等。这些化学品在汽车芯片制造过程中起着重要的作用，能够帮助完成图案的刻蚀、清洗和腐蚀等工艺步骤。汽车芯片原材料供应商需要保证提供高质量的化学品，以确保汽车芯片的制造质量和可靠性。

（3）封装材料

汽车芯片的封装是将芯片固定在封装基板上，并提供保护和连接功能。封装材料通常由塑料或陶瓷等材料制成，具有良好的绝缘性和耐高温性能。汽车芯片原材料供应商需要提供各种类型的封装材料，以满足不同芯片封装的需求。

（4）金属线材

在汽车芯片的封装过程中，需要使用金属线材进行汽车芯片与封装基板的连接。金属线材通常由铜或金等材料制成，具有良好的导电性和可靠性。汽车芯片原材料供应商需要提供符合高标准的金属线材，以确保汽车芯片与封装基板之间的连接质量。

1.2　汽车芯片的分类

汽车芯片是一组专门设计用于控制汽车各种电气设备或测量汽车各种物理参数及信号的嵌入式芯片。汽车芯片通过处理器和其他电路来控制汽车的各种功能，例如发动机控制、座椅调节、音频系统控制等，使汽车在各种极端条件下都能保持高效、稳定和安全地运行。

常见的汽车芯片包括微控制器芯片、传感器芯片、模拟 - 数字转换器芯片、信号处理器芯片和存储芯片。

（1）微控制器芯片

微控制器芯片是汽车芯片中最常见的一种。它们通常用于控制汽车中的各种电气设备，包括发动机控制设备、车门锁定设备、呼吸灯调节设备、电动车窗升降设备等。微控制器芯片一般由内嵌在单个芯片中的内存处理器、输入 / 输出接口和其他逻辑电路组成。

（2）传感器芯片

传感器芯片是汽车芯片中另一个重要的组成部分。它们用于测量汽车的各种物理参数，例如温度、光线、声音等，并将这些参数传递给汽车控制单元。传感器芯片通常由传感器接口电路组成。

（3）模拟 - 数字转换器芯片

模拟 - 数字转换器芯片是一种将模拟信号转换为数字信号的芯片。它们通常用于测量汽车中的电气信号，并将这些信号转换为数字信号，以便计算机系统可以读取并进行处理。模拟 - 数字转换器芯片通常由模拟前端电路、采样电路和数字电路组成。

（4）信号处理器芯片

信号处理器芯片是一种专门用于数字信号处理的芯片。在汽车中，信号处理器芯片通常用于音频处理和图像处理，它们通常由处理器内核和相关逻辑电路组成。

（5）存储器芯片

存储器芯片是一种用于存储数据的芯片。在汽车中，存储器芯片通常用于存储随着汽车使用而不断更新的数据，例如维护记录、驾驶员偏好和音乐库等。

1.3 汽车芯片等级

1.3.1 汽车芯片的电子标准等级

按照美国制定的汽车电子标准，汽车芯片分为 5 个等级，数字越小，等级越高，如表 1-3-1 所示。

表 1-3-1 汽车芯片等级

等级	系统	用途	工作温度范围 /℃
Grade-0	动力、安全系统	发动机管理、动力转向、制动、安全气囊等	−40 ～ 150
Grade-1	车身控制系统	防盗、灯光、雨刮器、门锁等	−40 ～ 125
Grade-2	行驶控制系统	仪表盘、座椅、空调、倒车雷达、车窗等	−40 ～ 105
Grade-3	通信系统	GPS 导航、移动通信、FM 等	−40 ～ 85
Grade-4	娱乐系统	音响、显示屏等	0 ～ 70

1.3.2 汽车级芯片和工业级芯片的区别

汽车级芯片和工业级芯片的区别见表 1-3-2。

表 1-3-2 汽车级芯片和工业级芯片的区别

项目	工业级	汽车级
电路设计	多级防雷设计、双变压器设计、抗干扰设计、短路保护、热保护、超高压保护等	多级防雷设计、双变压器设计、抗干扰设计、多重短路保护、多重热保护、超高压保护等
工艺处理	防水、防潮、防腐、防霉变处理	增强封装设计和散热处理
系统成本	积木式结构，每个电路均带有自检功能，造价稍高但维护费用低	积木式结构，每个电路均带有自检功能并增强了散热处理，造价较高，维护费用比较高

续表

项目	工业级	汽车级
工作温度 /℃	−40 ～ 85	−40 ～ 150
湿度	根据使用环境而定	0 ～ 100%
验证	JESD47（芯片） ISO 16750（模块）	AEC-Q100（芯片） ISO 16750（模块）
出错率 /%	＜ 1	0
使用时间 / 年	5 ～ 10	15
供货时间	高至 5 年	高至 30 年

1.4　汽车的功能芯片和主控芯片

汽车的功能芯片主要是指 MCU（微控制器芯片）和存储器芯片，其中 MCU 负责具体控制功能的实现，承担设备内多种数据的诊断处理和运算。汽车是 MCU 最大的应用领域，传统燃油汽车单车平均用到 70 个，而新能源汽车则需要用到 300 多个，应用领域包括 ADAS、车身、底盘及安全系统、信息娱乐系统、动力系统等。车载 MCU 按照位宽划分，主要包括 8 位、16 位和 32 位三类产品。其中，8 位主要应用于一些简单场景的控制，例如空调、风扇、雨刮器、车窗等；32 位则主要面向的是对自动化、算力、实时性要求比较高的领域，占比接近 80%，是主流；16 位的性能和成本处于中间位置，主要应用于动力和安全领域。

汽车的主控芯片是指在智能座舱、自动驾驶等关键控制器中承担核心处理运算任务的 SoC 芯片，其内部集成了 CPU、GPU、NPU、ISP 等一系列运算单元。

第2章

汽车发动机芯片

2.1　发动机电源芯片

2.1.1　电源芯片的认识与作用

电源芯片在车辆电源管理方面发挥着关键作用。在汽车电子系统中，车辆电源是各种电子设备正常运行的基础，而电源芯片负责对电源进行管理和监控。它可以实时监测电池电压、电流和温度等参数，避免过充和过放现象的发生，保证电池的安全使用。同时，电源芯片还能实现对发电机的控制，使其在不同负载情况下提供适当的电压输出，确保整个电子系统稳定运行。

电源芯片对汽车电子设备的供电进行精确控制。在现代汽车中，电子设备的数量和种类越来越多，它们对电源的供电要求也不尽相同。电源芯片可以根据不同设备的需求，通过智能控制来实现对电源输出的调整和优化。例如，在启动汽车时，电源芯片可以为发动机提供较高的电流输出，确保快速启动；在行驶中，它可以根据车辆系统的需求，为各种电子设备提供稳定的供电，确保它们正常运行。

电源芯片还有助于降低车辆的能耗和排放。在汽车电子系统中，一些设备在待机或低负载状态下仍然需要一定的电源供应。电源芯片可以对这些设备进行智能管理，根据设备的工作状态进行动态调整，减少电源的能耗。这种能量管理的方式可以有效降低车辆能耗和碳排放，提高汽车的节能和环保性能。

2.1.2 电源芯片的类型

（1）降压稳压芯片

降压稳压芯片主要用于将汽车电池的高电压转换为稳定的低电压，供给电子设备使用。它具有高效率、低功耗和超低静态电流等特点，能够提供稳定可靠的电源输出。

（2）电池管理芯片

电池管理芯片主要用于对汽车电池进行管理和保护。它能够监测电池的电压、电流和温度等参数，并实现对电池的充放电控制和保护。同时，电池管理芯片还能够实现对电池的均衡充放电，延长电池的使用寿命。

（3）电流传感器芯片

电流传感器芯片主要用于对汽车电子设备的电流进行监测和控制。它能够实时测量电流的大小，并将测量结果传输给其他控制芯片进行处理。电流传感器芯片具有高精度、低功耗和快速响应的特点，能够确保电子设备的安全运行。

（4）过压保护芯片

过压保护芯片主要用于对汽车电子设备的电压进行监测和保护。当电压超过设定值时，过压保护芯片能够及时切断电源，避免电子设备受到损坏。过压保护芯片具有高精度、快速响应和高可靠性等特点，能够确保汽车电子设备的安全使用。

2.1.3 玛瑞利 SPI 型发动机电源芯片

图2-1-1 电源芯片（L9170）

玛瑞利 SPI 型发动机电源芯片（L9170）如图 2-1-1 所示，其电路原理如图 2-1-2 所示。

该芯片用于将蓄电池和点火开关送来的 +12V 供电转换为电脑板内部的 +5V 供电。由于其发热量较大，故而在其后面装有散热片（图 2-1-1 中散热片已经拆除）。

该芯片烧坏会引起整机无供电，导致电脑处于瘫痪状态。

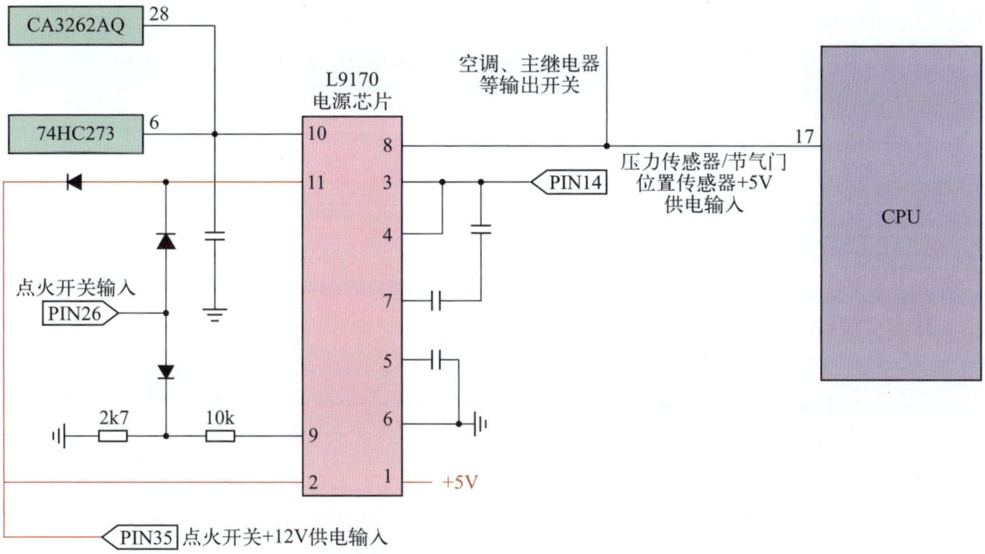

图2-1-2　玛瑞利SPI型发动机电源芯片（L9170）电路原理

74HC273—空调、故障灯、主继电器、怠速等输出驱动；

CA3262AQ—空调、油泵等输出驱动

2.1.4　摩托罗拉 465 型发动机电源芯片

摩托罗拉 465 型发动机电源芯片（4275D）电路原理如图 2-1-3 所示。

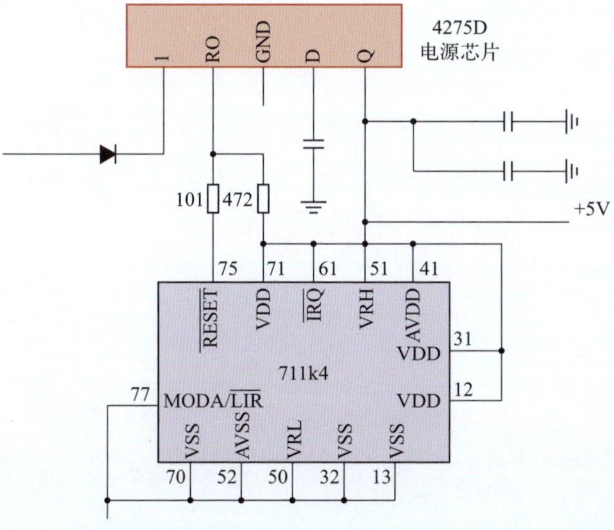

图2-1-3　摩托罗拉465型发动机电源芯片（4275D）电路原理

MC68HC11K4（CPU）共有 3 对电源，均采用 5V 供电，VDD 接 +5V，VSS 接地，VDD 分别为 71、12、31 号脚供电，VSS 分别为 70、13、32 号脚接地。另外，AVDD（41 号脚）和 AVSS（52 号脚）是 CPU 内部 A/D 转换器的电源。5V 电源是由电源芯片（4275D）产生的。

2.1.5　西门子发动机电源芯片

西门子发动机电源芯片（TLE4260-2）采用 5V 低压差稳压集成电路，如图 2-1-4 所示。

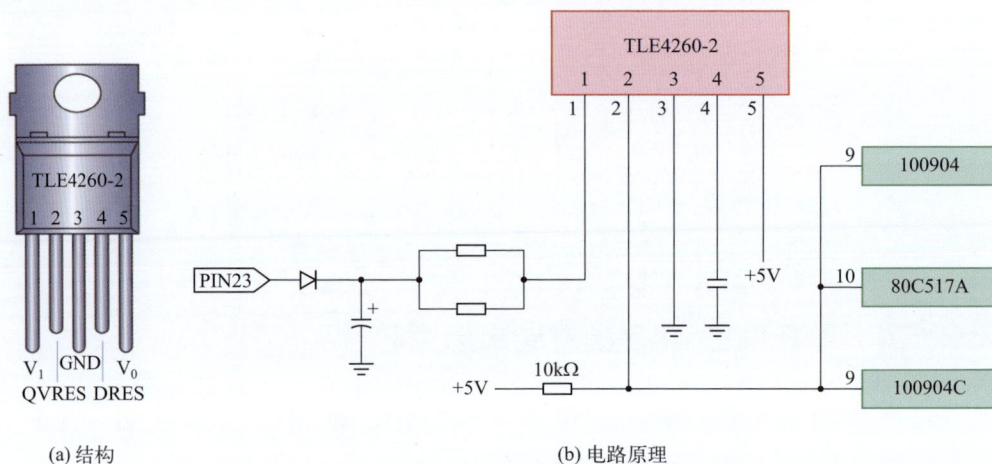

(a) 结构　　　　　　　　　　　　　　(b) 电路原理

图 2-1-4　西门子发动机电源芯片（TLE4260-2）
100904—喷油驱动；100904C—怠速节气门驱动；80C517A—CPU

从电脑插脚 PIN23 进来的 +12V 电压送至 TLE4260-2 的第 1 号脚，由第 2 号脚输出复位信号提供给 80C517A、100904C 等，而第 5 号脚输出的 +5V 电压则提供给整个电脑板，以使之能够正常工作。

2.2　喷油器驱动芯片

2.2.1　喷油器驱动芯片的认识与作用

CPU 根据发动机负荷、转速两大主要因素及冷却液温度、蓄电池电压等其他修正信息计算出喷油量大小及喷油始点。喷油控制器根据 CPU 的命令在正确时刻驱动喷油器工作，控制喷油时间即喷油量大小。若该驱动器损坏，可导致发动机喷油不正常或不喷油故障。如图 2-2-1 所示为别克君威发动机喷油器驱动芯片。

图2-2-1　　别克君威发动机喷油器驱动芯片

2.2.2　西门子发动机喷油器驱动芯片

CPU（80C517A）由 1 号脚、2 号脚、3 号脚、5 号脚输出四路喷油信号，分别送到喷油器驱动芯片（100904C）的 1 号脚、3 号脚、13 号脚、15 号脚，经驱动放大后由 100904C 的 2 号脚、4 号脚、12 号脚、14 号脚输出，经 PIN48、PIN46、PIN42、PIN47 至 4 个喷油器的控制端。喷油器驱动芯片（100904C）的 5 号脚为使能信号，该信号是由 CPU 数据总线 D0 送来的控制信号经 74HC377D 锁存后产生的，该信号使 100904C 启动进入工作状态。喷油器驱动芯片（100904C）的 9 号脚与 CPU 的 10 号脚的复位信号相连，避免在上电复位期间喷油器发生错误动作。100904C 的 7 号脚、11 号脚分别与 CPU 的 21 号脚、61 号脚相连，为喷油反馈信号（图 2-2-2）。

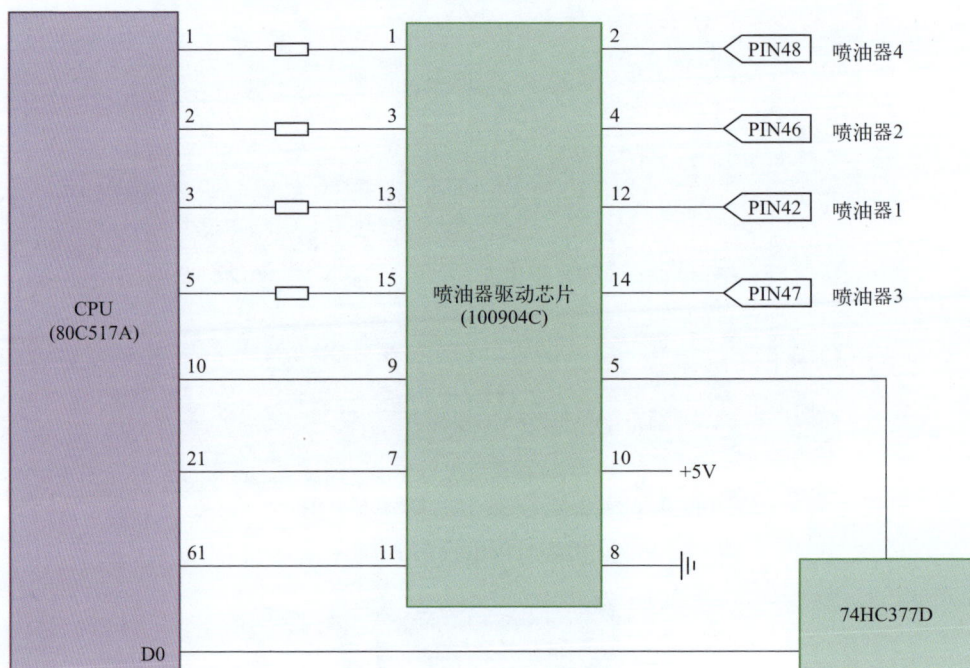

图2-2-2　西门子发动机喷油器驱动芯片电路原理

2.2.3　摩托罗拉发动机喷油器驱动芯片

CPU 的接口（CPU 的 4～7 号脚）直接连到 IN0～IN3 四个输入端上，输出端 GATE0、GATE1、GATE2、GATE3 接在四个场效应管的栅极，场效应管的漏极通过电脑针脚 PIN A1、PIN A2、PIN A9、PIN A10 接到四个喷油嘴上，同时场效应管的漏极又接到 DRAIN0～DRAIN3 上，以供发动机喷油器驱动芯片（TPIC46L02）进行负载断路及负载短路故障检测（图 2-2-3）。

PIN A15 PIN A22 水箱风扇 PIN A9 喷油嘴 PIN A10 喷油嘴 PIN A1 喷油嘴 PIN A2 喷油嘴

43U02 43U02 10N 10EL 10N 10EL 10N 10EL 10N 10EL

喷油器驱动芯片
(TPIC46L02)

DRAIN4 19 GATE4 18 DRAIN5 17 GATE5 16 GATE0 27 DRAIN0 26 GATE1 25 DRAIN1 24 GATE2 22 DRAIN2 23 GATE3 21 DRAIN3 20

IN0 4 IN1 5 IN2 6 IN3 7 CS 10 SDO 11 SDI 12 SCLK 13 VCC 14 VBAT 28 IN4 8 IN5 9 GND 15 FLT 1 VCOMPEN 2 VCOMP 3

+5V +5V PIN B2 NC NC PIN B3 VCC +5V 73T02 +5V

SC37074IDW
点火驱动和监测电路

+5V
24 24 23 23 22 22 19 19 18 18 17 17 16 16 15 15 14 14
5 5 4 4 6 6 2 2 3 3 7 7 13 13 10 10 1 1 21 21 20 20 8 8 11 11 12 12
+5V

CPU
4 5 6 7 27 80 1 2 55 29 73 33 53 77 75 54

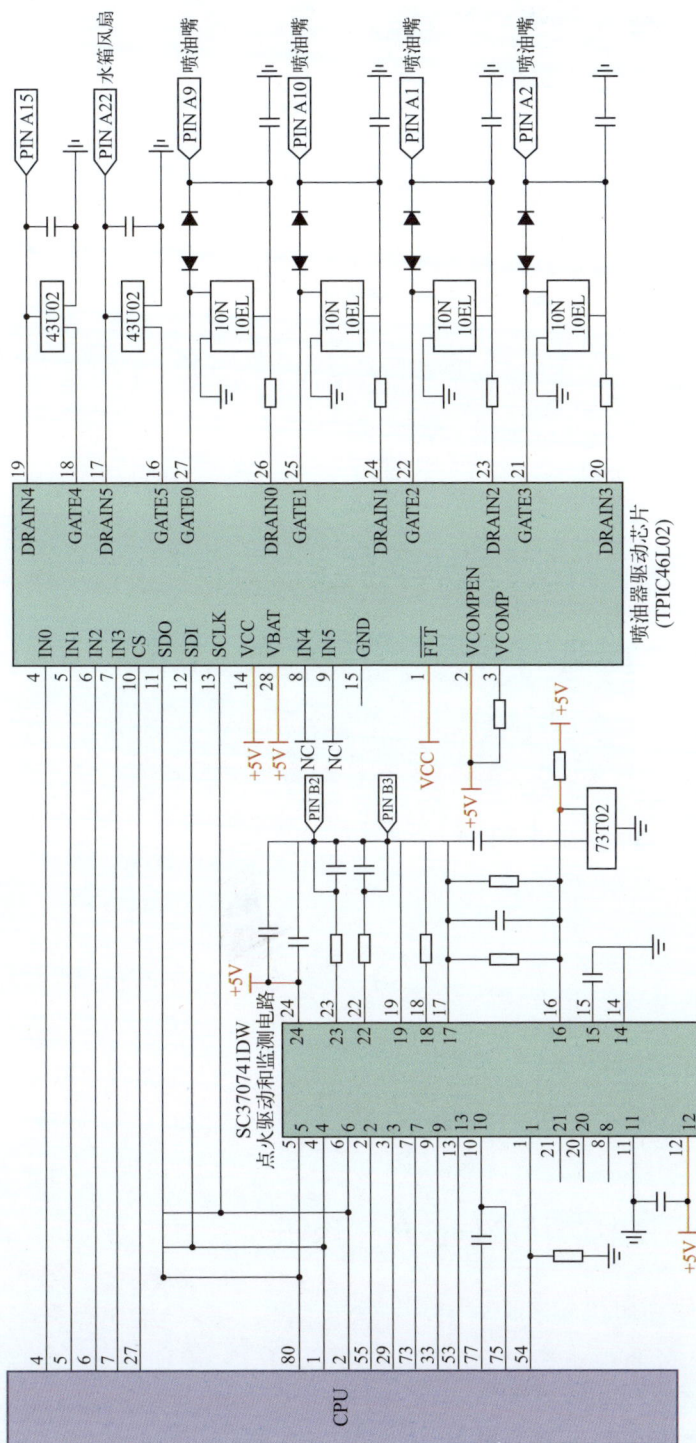

图2-2-3 摩托罗拉发动机喷油器驱动芯片电路原理

第2章 汽车发动机芯片

011

2.2.4 德尔福发动机喷油器驱动芯片

CPU 获得发动机转速信号后，从其 36 号脚和 38 号脚输出喷油控制信号给喷油器驱动芯片（16204891），由 16204891 的 5 号脚和 10 号脚直接控制喷油器驱动晶体管 2248（图 2-2-4）。

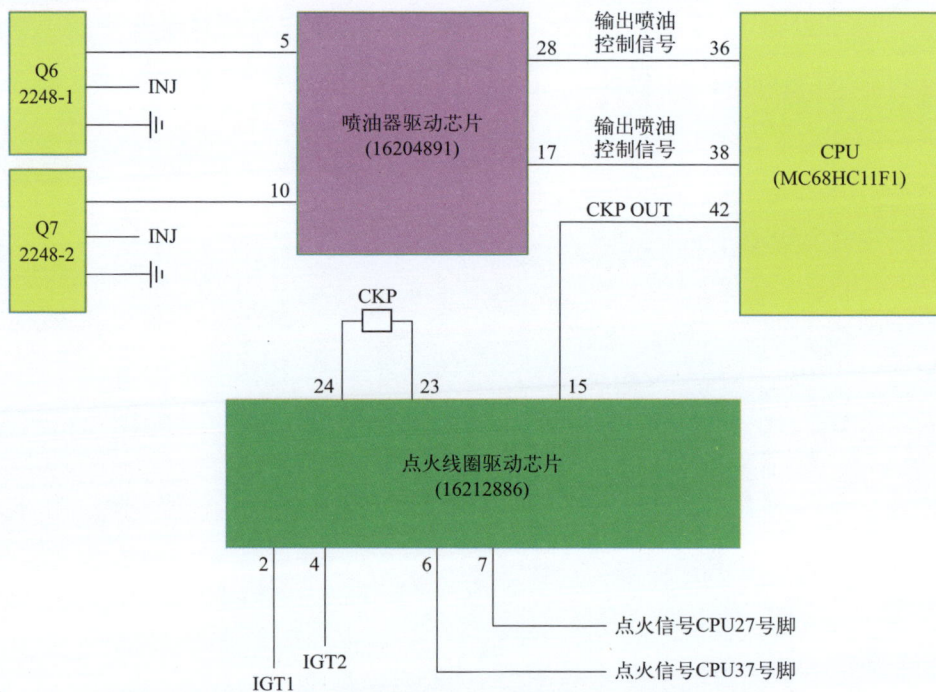

图2-2-4 德尔福发动机喷油器驱动芯片电路原理

2.3 点火控制芯片

2.3.1 点火控制芯片的认识与作用

ECU 根据发动机运行工况计算准确点火时间，CPU 输出点火信号，经点火控制芯片放大处理后，由 ECU 分别输出 1、4、3、2 缸点火信号到点火器，控制发动机的点火。如果该芯片损坏，会导致发动机点火错乱或不点火故障。别克君威发动机点火控制芯片如图 2-3-1 所示。

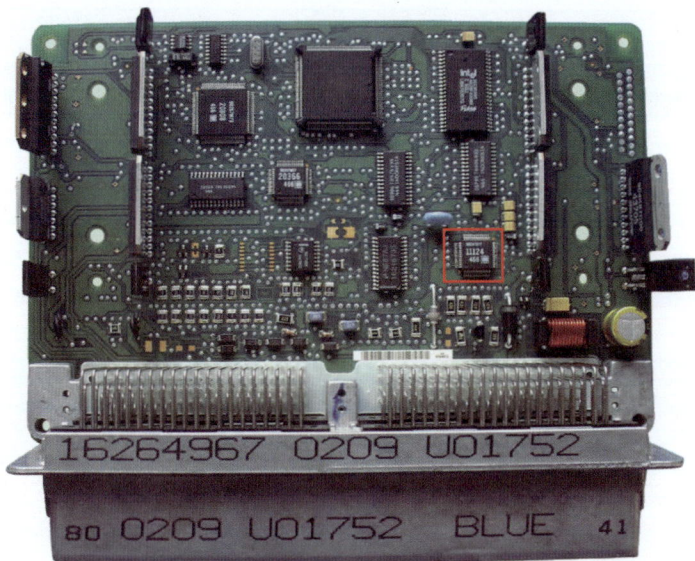

图2-3-1　别克君威发动机点火控制芯片

2.3.2　摩托罗拉发动机点火控制芯片

摩托罗拉发动机点火控制芯片（SC370741DW）电路原理如图 2-3-2 所示，是一种带有故障检测功能的驱动电路。当曲轴旋转时，发动机转速信号经过运放 LM2903 整形后送至 CPU，同时，凸轮轴信号也发送至 CPU。CPU 通过这两个信号判断对哪一个缸点火和确定点火提前角。

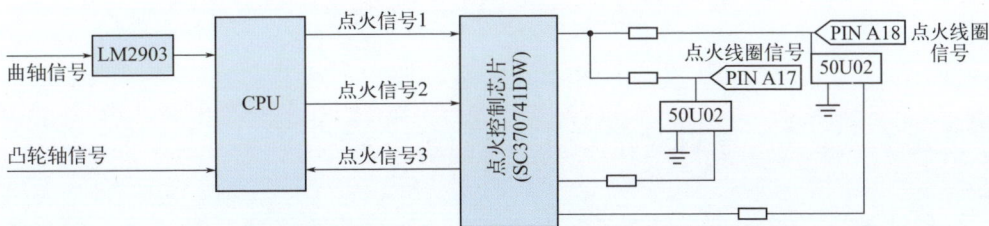

图2-3-2　摩托罗拉发动机点火控制芯片电路原理

SC370741DW 在 CPU 的作用下控制两个大功率三极管 50U02，两个大功率三极管直接驱动两组点火线圈。该控制系统的点火方式为双缸同时点火。

该电路流程中有任何一个环节出现问题，都会导致发动机不点火故障。两个大功率三极管会因驱动电流过大而被击穿，更换时应选择同样型号的三极管，也可从废旧的主板上拆件。

2.3.3 三菱发动机点火控制芯片

三菱发动机点火控制芯片（IC8）用于控制发动机的点火。IC8 的 7、17、22、29、39 号脚为 5V 电源输入，6、11、12、16、21、23、28、34、37 号脚接地，19、20 号脚为点火放大信号输出。IC8 可以有多路指令输入及信号放大输出，但这里只用了两路点火信号驱动（图 2-3-3）。

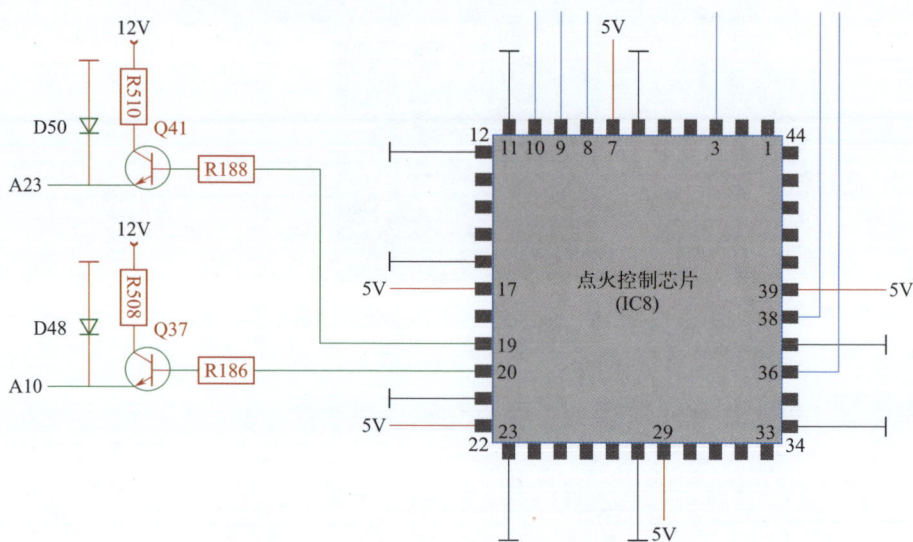

图2-3-3　三菱发动机点火控制芯片电路原理

2.4 怠速控制芯片

2.4.1 怠速控制芯片的认识与作用

怠速控制芯片根据 CPU 计算出的怠速信号驱动晶体管，使怠速空气阀打开一定的开度，发动机处于稳定的怠速状态。马自达发动机怠速控制芯片如图 2-4-1 所示。

图2-4-1　马自达发动机怠速控制芯片

2.4.2　日产发动机怠速控制芯片

怠速控制芯片（Q606）为一个电源场效应晶体管，其 G 极为控制信号输入端，D 极为 AAC 阀怠速控制端，G 极信号的强弱决定了 AAC 阀的开启大小（图 2-4-2）。

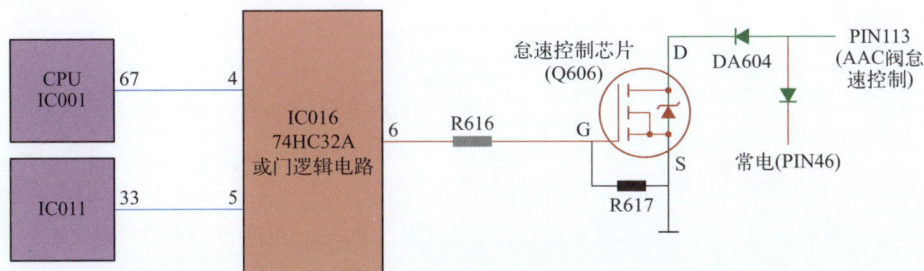

图2-4-2　日产发动机怠速控制电路原理

2.4.3　马自达发动机怠速控制芯片

怠速控制芯片（IC502）根据 CPU 计算出的怠速信号驱动晶体管 T802，使怠速空气阀打开一定的开度，发动机处于稳定的怠速状态（图 2-4-3）。

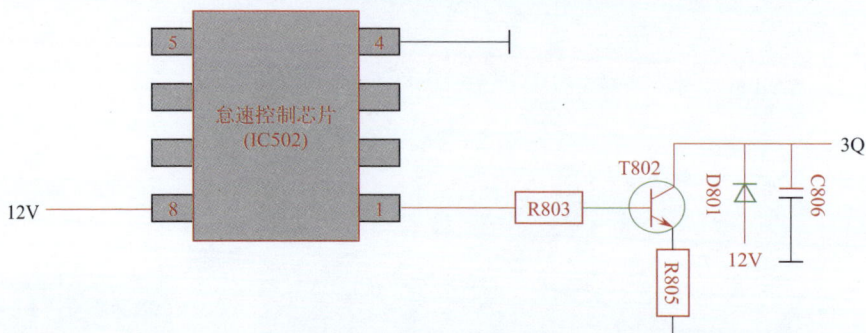

图2-4-3　马自达发动机怠速控制芯片电路原理

2.5　其他芯片

2.5.1　丰田发动机车速信号处理芯片

车速信号处理芯片（IC350）对车速传感器信号进行处理，并将处理后的车速信号输出到发动机控制单元 CPU 及 ECT ECU。该芯片的 6 号脚输入传感器信号，1 号脚输出车速信号（图 2-5-1）。

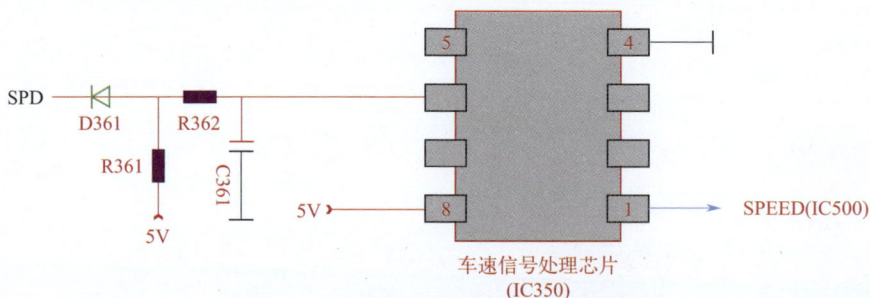

图2-5-1　车速信号处理芯片电路原理
IC500—发动机控制单元（CPU）

2.5.2 丰田发动机爆震信号处理芯片

丰田发动机爆震信号处理芯片电路原理如图 2-5-2 所示。爆震信号经输入电路滤波后进入爆震信号处理芯片（IC601）的 1 号脚，IC601 对信号进行放大处理，再经 3 号脚输出给 A/D 转换器芯片（IC400）的 15 号脚，经转换后再输入给发动机 CPU（图 2-5-3）。

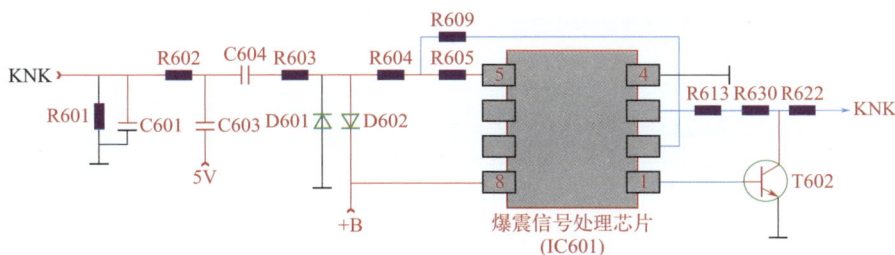

图2-5-2 爆震信号处理芯片电路原理

2.5.3 丰田发动机 A/D 转换器芯片

发动机控制单元无法识别传感器输入的模拟信号，该芯片（IC400）的作用就是将模拟信号转换成数字信号，提供给 CPU（图 2-5-3）。这些信号包括冷却液温度信号、进气歧管压力信号等。

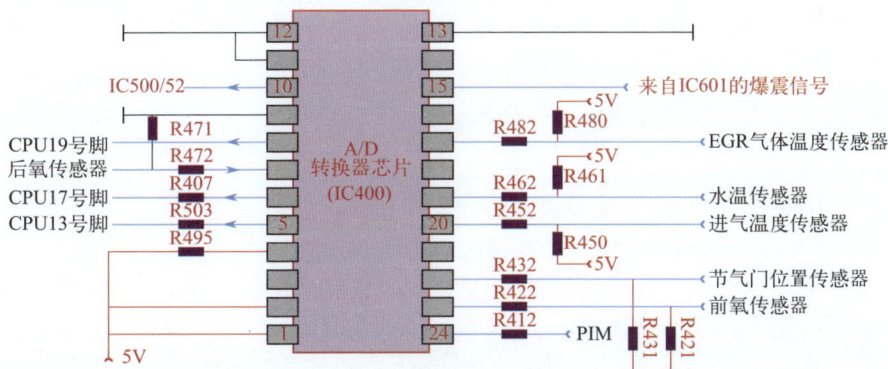

图2-5-3 A/D转换器芯片电路原理

2.5.4 丰田发动机控制单元数字缓冲器芯片

数字缓冲器芯片（IC300）对一些开关型传感器信号进行处理、缓冲，这些信号包括怠速开关信号、空挡启动开关信号、点火反馈脉冲信号等（图 2-5-4）。

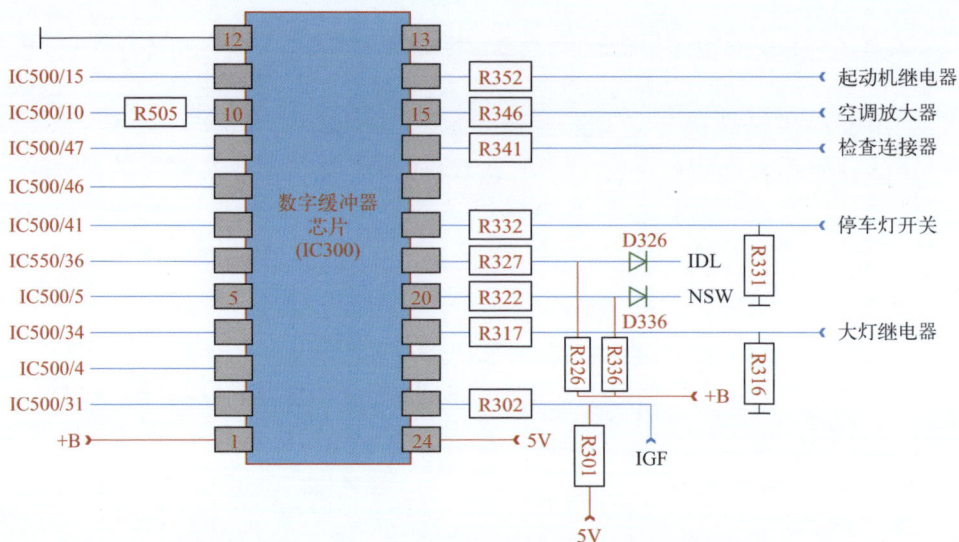

图2-5-4 发动机控制单元数字缓冲器芯片电路原理
IDL—节气门位置传感器；NSW—空挡启动开关

2.5.5 丰田发动机控制单元（CPU）芯片

CPU 芯片（IC500）是整个控制单元的核心。IC500 对整个发动机传感器信号进行逻辑运算和分析处理，向喷油器、点火器发出喷油、点火指令，同时控制发动机的怠速运行工况（图 2-5-5）。

2.5.6 奥迪发动机活性炭罐驱动芯片

活性炭罐驱动芯片（IC106）接收 CPU 的指令，在适当的时刻开启活性炭罐电磁阀，使油箱内的燃油蒸气得到利用（图 2-5-6）。

2.5.7 奥迪发动机节气门信号控制芯片

发动机的节气门定位电机也可称为怠速电机，当 ECU 检测到怠速触点闭合时，能自动调节节气门开度，保持发动机稳定的怠速转速；且当油门踏板迅速收回时，怠速电机能将节气门平顺回落，起到缓冲作用。该芯片的作用就是根据 CPU 的指令控制节气门定位电机的转动，从而控制怠速时的节气门开度（图 2-5-7）。

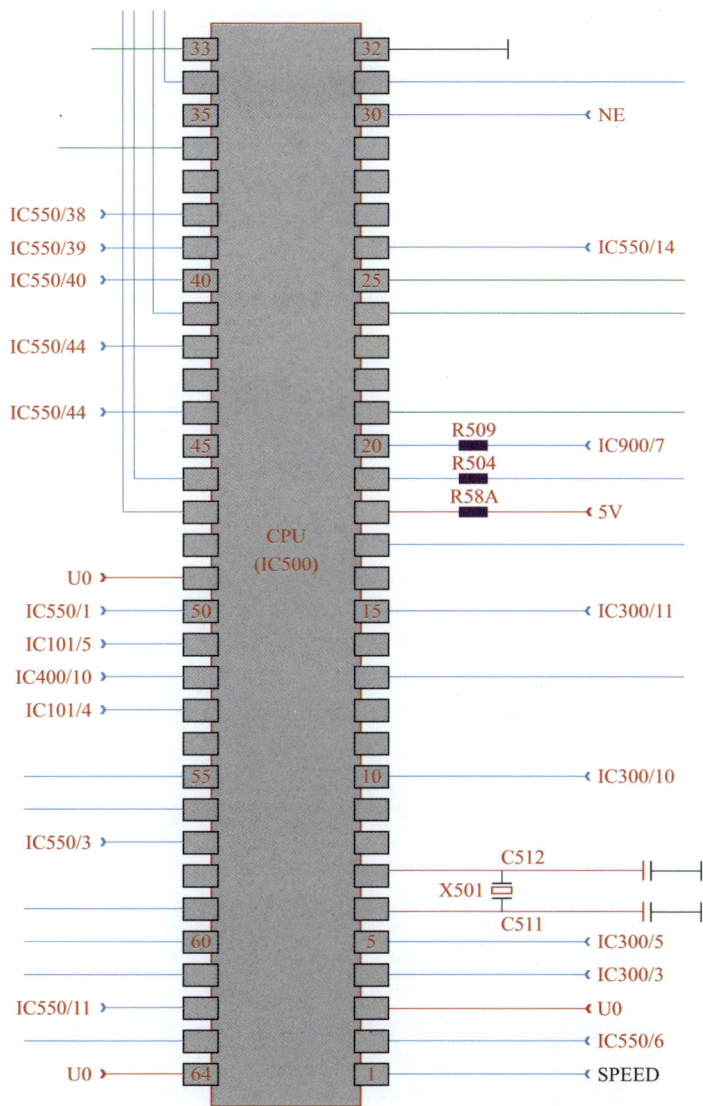

图2-5-5　发动机控制单元（CPU）芯片电路原理

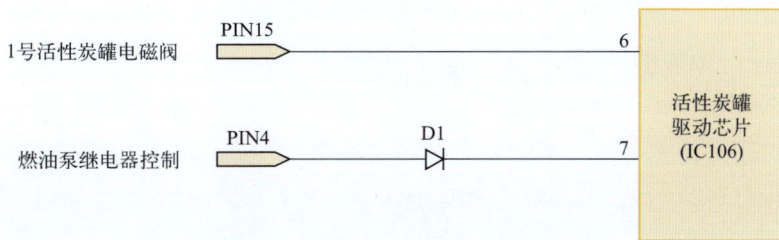

图2-5-6　活性炭罐驱动芯片电路原理

第2章　汽车发动机芯片

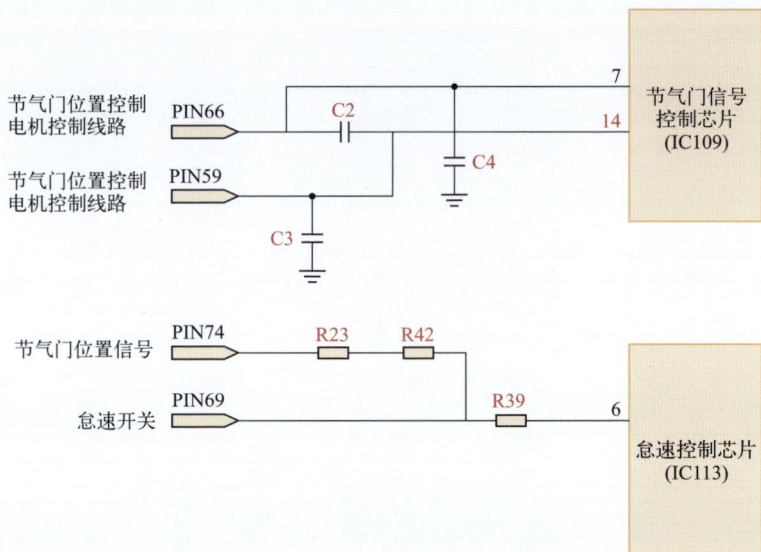

图2-5-7　节气门信号控制芯片电路原理

2.5.8　玛瑞利发动机氧传感器信号控制芯片

该芯片负责氧传感器信号模/数转换（图2-5-8），如损坏会导致发动机怠速不稳、排气管冒黑烟、燃油经济性能下降等故障。

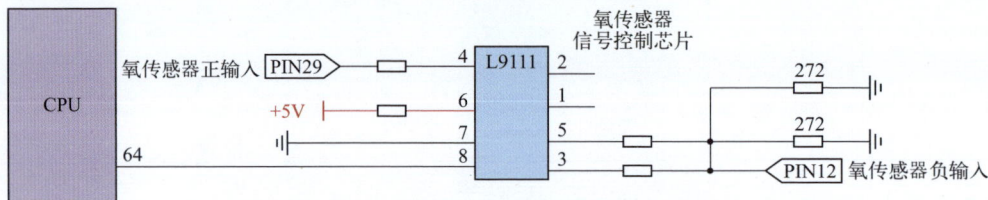

图2-5-8　氧传感器信号控制芯片电路原理

2.5.9　三菱发动机自诊断驱动芯片

自诊断驱动芯片（IC1）为发动机故障诊断信号的放大驱动芯片，其2、3、5号脚为诊断信号输出端，经过ECU的D09端子与诊断接头的7号脚（图中未标出）相连，诊断接头的7号脚为诊断信号通信端子。发动机出现故障时，故障信息在ECU收到诊断请求后由通信端子输出（图2-5-9）。

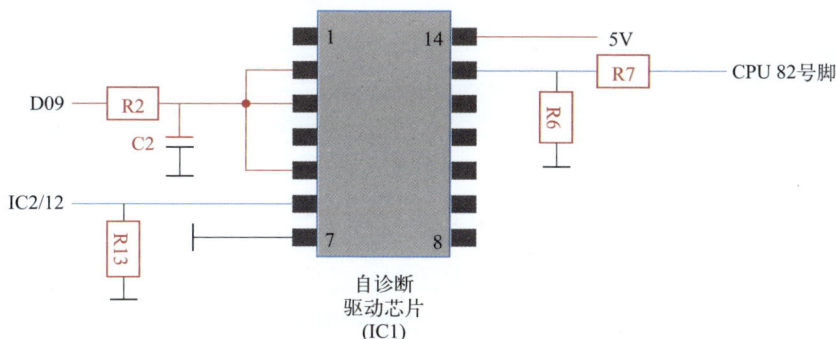

图2-5-9　自诊断驱动芯片电路原理

2.5.10　三菱发动机场效应管驱动芯片

场效应管驱动芯片（IC9）为四通道芯片，其 S 极（源极）接地，D 极（漏极）为放大输出端，G 极（栅极）为控制信号输入端。

IC5 接收来自数字信号缓冲器 IC6 的数字信号，将这些信号放大后输出，其中由脉冲式发动机转速信号输出至三极管 Q3 的基极，然后驱动仪表中的转速信号显示。IC9 的栅极也由 IC5 控制输入，然后驱动漏极，与这些漏极相连的 ECU 端子有 B01、B02、B09、B10（图 2-5-10）。

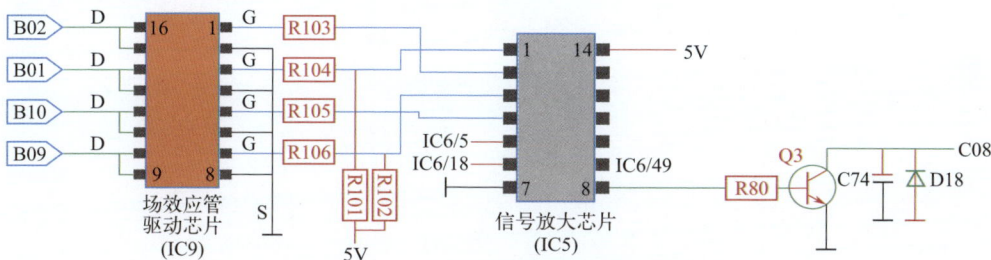

图2-5-10　场效应管驱动芯片电路原理

2.5.11　马自达发动机空燃比信号处理芯片

空燃比信号处理芯片（IC301）对氧传感器测得的发动机空燃比信号进行放大和转换处理，并将处理过的氧传感器信号输送至 CPU（图2-5-11）。该发动机有左侧氧传感器信号和右侧氧传感器信号。

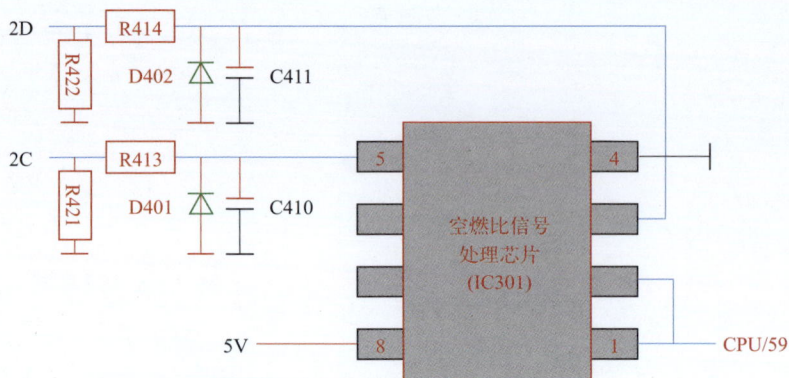

图2-5-11 空燃比信号处理芯片电路原理
2D，2C—发动机控制单元端子

2.5.12 德尔福发动机 CAN 通信芯片

德尔福发动机通信方式是先经过防雷二极管、终端电阻和 CAN 滤波电感，然后到驱动芯片（该芯片内集成 CAN 通信芯片），最后到 CPU（图 2-5-12）。

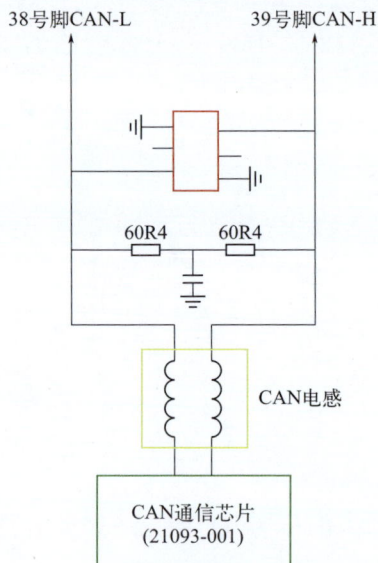

图2-5-12 CAN通信芯片电路原理

第 3 章

汽车变速器芯片

3.1 自动变速器电源芯片

3.1.1 三菱自动变速器电源芯片

ECU 的输入电源（电磁阀驱动芯片供电除外）有两个：一个是点火开关打开时通过 A11 端子供电，一个是点火开关关闭时由 B08 端子提供不间断电源，用于汽车停驶时 ECU 储存自学习数据及故障内容信息。芯片的 1 号脚输入 B08 常电，4 号脚控制 5V 转换电源管（Q301）工作，电源芯片最终受 CPU 控制（图 3-1-1）。

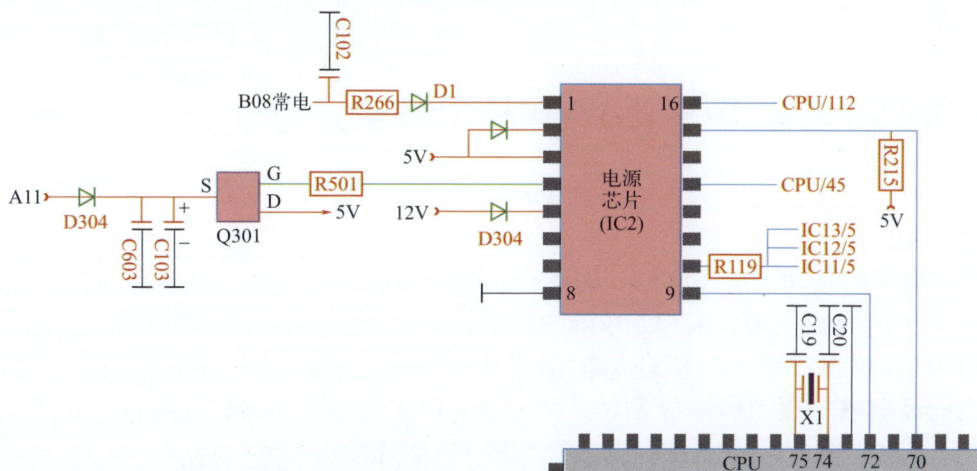

图3-1-1 三菱自动变速器电源芯片电路原理

3.1.2 奥迪自动变速器稳压电源芯片

奥迪自动变速器 5V 稳压电源，为自动变速器电脑板上的芯片及变速器传感器提供稳定的 5V 供电电源。稳压电源芯片（TEL4267G）为七脚电源管，输出电压误差为 ±2%，最大允许输入电压 40V，过载保护最大电压 60V（≤ 400ms），复位信号时间可调，并且具有过热保护功能。其内部为开关逻辑电路（图 3-1-2）。

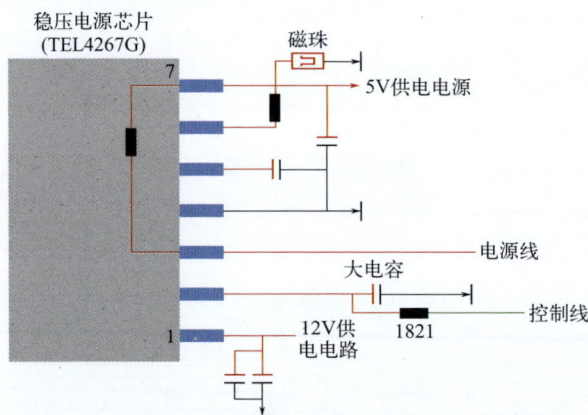

图3-1-2 奥迪自动变速器稳压电源芯片电路原理

3.2 电磁阀控制器芯片

3.2.1 三菱自动变速器电磁阀驱动芯片

（1）三菱自动变速器电磁阀驱动芯片（IC31）和电磁阀驱动信号放大芯片（IC11）

电磁阀驱动芯片（IC31）的 1、15 号脚为 ECU 蓄电池电压输入端子，2、6、8、14 号脚接地，4、12 号脚为控制端，其余引脚皆与驱动信号放大芯片（IC11）相连，是一个双通道的信号驱动芯片。IC31 的作用是接收 CPU 发出的经电磁阀驱动信号放大芯片（IC11）放大的指令信号，控制超速电磁阀 A14 端子、阻尼离合器控制电磁阀 A15 端子的接地。

电磁阀驱动信号放大芯片（IC11）的作用有两个：一是负责超速电磁阀、阻尼离合器控制电磁阀驱动信号的放大处理，这些信号为占空比控制方式信号，指令来自 CPU，IC11 将这些指令信号放大后输出给 IC31；二是通过检测 ECU 输出到电磁阀的控制端子信号，了解执行器的工作状况，并将这一状况向 CPU 汇报，即反馈给 CPU。

电路原理如图 3-2-1 所示。

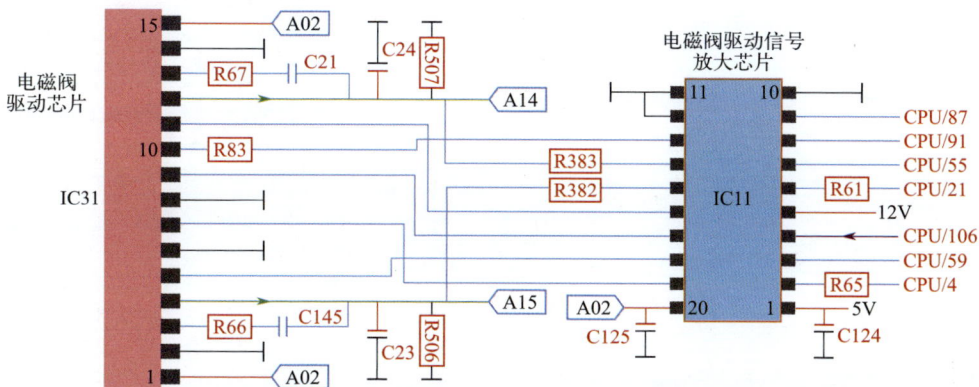

图3-2-1　电磁阀驱动芯片IC31和电磁阀驱动信号放大芯片IC11电路原理

（2）三菱自动变速器电磁阀驱动芯片 IC32 和电磁阀驱动信号放大芯片 IC12

电磁阀驱动芯片 IC32 的作用是接收 CPU 发出的经电磁阀驱动信号放大芯片（IC12）放大的指令信号，控制减速电磁阀 A01 端子、2 挡电磁阀 A16 端子的接地。

电磁阀驱动信号放大芯片 IC12 的作用有两个：一是负责减速电磁阀、2 挡电磁阀驱动信号的放大处理，这些信号为占空比控制方式信号，指令来自 CPU，IC12 将这些指令信号放大后输出给 IC32；二是通过检测 ECU 输出到电磁阀的控制端子信号，了解这些电磁阀的工作状况，并将这一状况向 CPU 汇报，即反馈给 CPU。

电路原理如图 3-2-2 所示。

（3）三菱自动变速器电磁阀驱动芯片 IC33 和电磁阀驱动信号放大芯片 IC13

电磁阀驱动芯片 IC33 的作用是接收 CPU 发出的经电磁阀驱动信号放大芯片 IC13 放大的指令信号，控制减速倒挡电磁阀 C12 端子的接地。

电磁阀驱动信号放大芯片 IC13 的作用有两个：一是负责减速倒挡电磁阀驱动信号的放大处理，这些信号为占空比控制方式信号，指令来自 CPU，IC13 将这些指令信号放大后输出给 IC33；二是通过检测 ECU 输出到电磁阀的控制端子信号，了解减速倒挡电磁阀的工作状况，并将这一状况向 CPU 汇报，即反馈给 CPU。

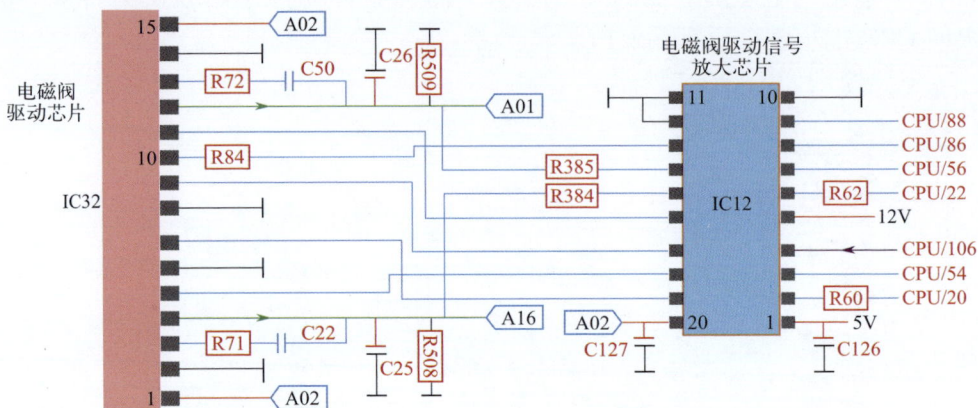

图3-2-2　电磁阀驱动芯片IC32和电磁阀驱动信号放大芯片IC12电路原理

电路原理如图 3-2-3 所示。

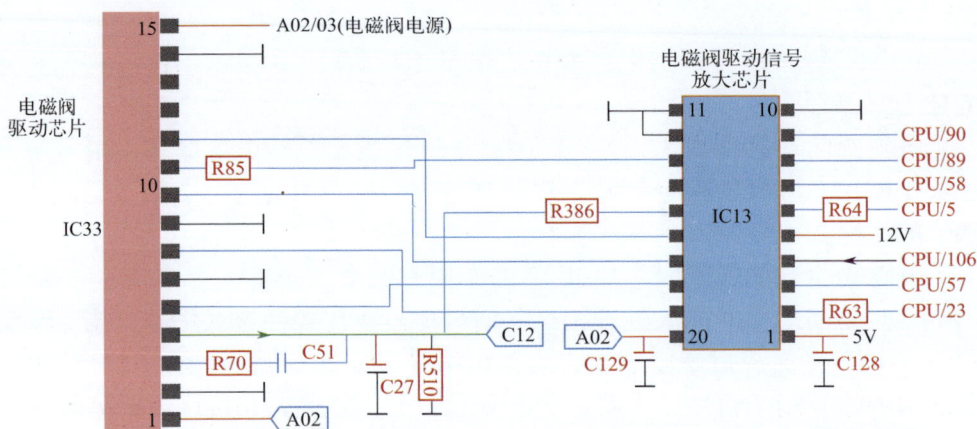

图3-2-3　电磁阀驱动芯片IC33和电磁阀驱动信号放大芯片IC13电路原理

3.2.2　奥迪自动变速器螺线管驱动芯片

　　该芯片工作电压为 5V，最大静态工作电流为 10mA，输出接口钳位电压为 35V，八位连续数据输入。如图 3-2-4 所示，驱动芯片 1 主要用于驱动换挡电磁阀、锁止离合器油压调节阀和换挡平顺阀。驱动芯片 2 主要有两个作用：一是接收发动机控制单元的使用空调或大负荷时采用低挡信号，并将信号传送给驱动器 1，使驱动器 1 做出降挡动作；二是将自动变速器的运行工况告知发动机控制单元并传输到仪表板上显示，如自动变速器换挡时或锁止离合器接合时，发送指令给发动机 ECU，使发动机减小点火提前角，从而减小锁止离合器接合的冲击且提高换挡平顺性。此外变速器挡位通过数据线传递能在仪表板上显示，告知驾驶员。

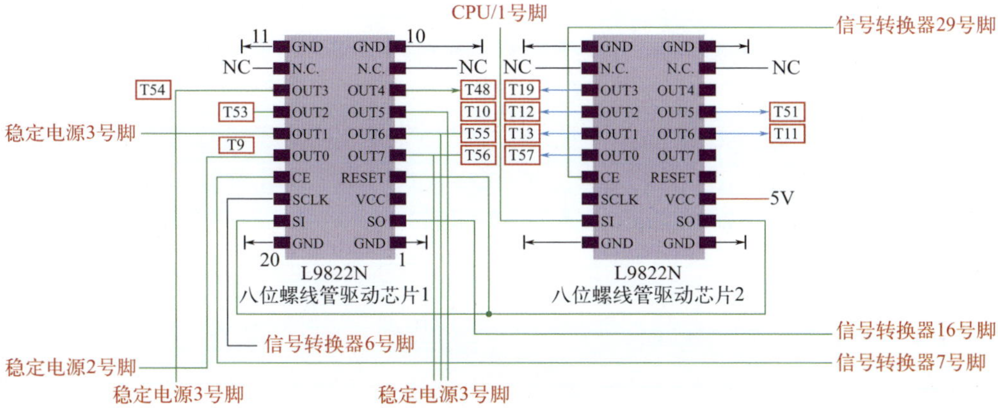

图3-2-4　螺线管驱动芯片电路原理

3.3　手动挡位显示驱动芯片

以三菱自动变速器 ECU 为例。

手动挡位显示驱动芯片电路原理为四通道达林顿放大器电路，其中 1、3、5、7 号脚为挡位信号输入，9 与 10 号脚，11 与 12 号脚，13 与 14 号脚，15 与 16 号脚均连接变速杆的位置开关，用于控制 D 挡或手动模式时 4、3、2、1 挡的输出，这一输出通往仪表显示装置，汽车行驶时仪表显示相应的挡位（图 3-3-1）。

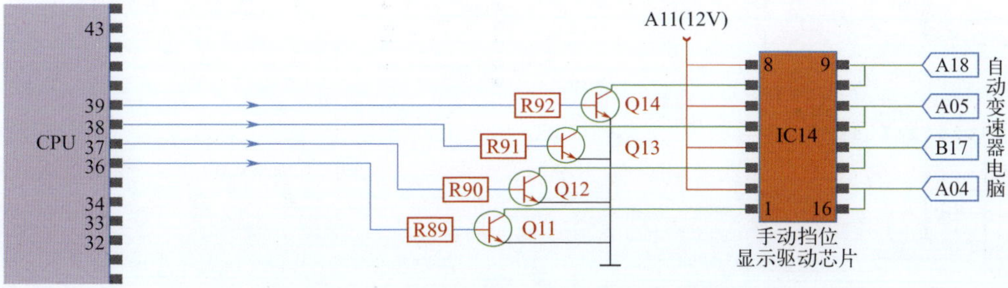

图3-3-1　手动挡位显示驱动芯片电路原理

3.4 信号转换芯片

3.4.1 奥迪自动变速器信号转换芯片

该芯片用于采集多功能开关 F125、强制降挡开关 F8、制动灯开关 F 及车速传感器 G68 和自动变速器转速传感器 G38 的信号，并对这些信号进行处理，使之转变成标准的数字脉冲信号。信号转换芯片除了将这些信号处理之后发送给 CPU 之外，还根据 CPU 的指令通过压力调节电磁阀 N93 对离合器和制动器的油压进行调节，同时辅助 CPU 通过 L9822N 对其他电磁阀进行控制（图 3-4-1）。

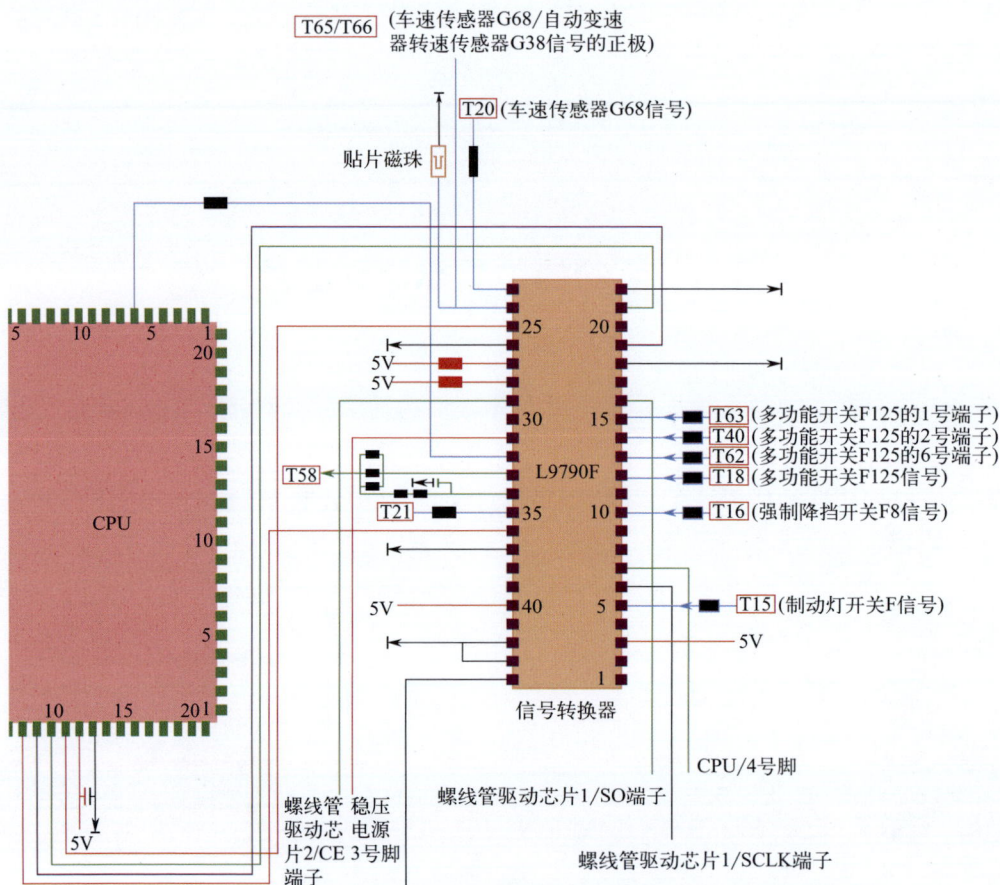

图3-4-1 信号转换芯片电路原理

图解汽车芯片技术

3.4.2 三菱自动变速器转速脉冲信号处理芯片

该芯片的 4、6、8、10 号脚分别为变速器输入、输出轴转速传感器信号，车速传感器信号，以及曲轴转速传感器信号。该芯片的作用是对这些转速脉冲信号进行整形放大处理，并将这些重要的基础信号输送到 CPU，CPU 得到这些信息后计算换挡时机和检测行星齿轮组中的接合机构是否存在打滑现象（图 3-4-2）。

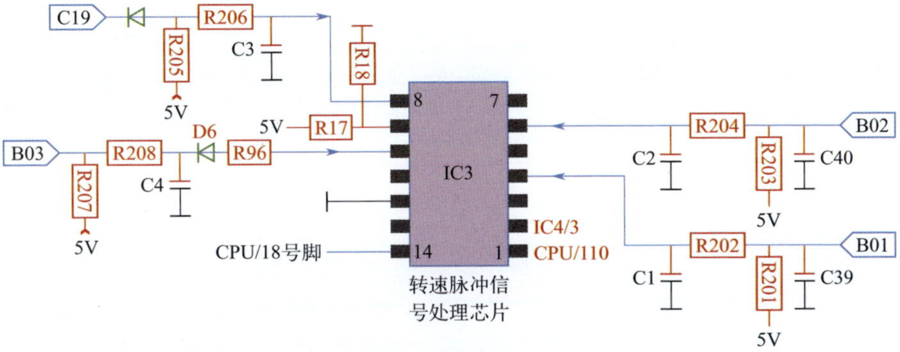

图3-4-2 转速脉冲信号处理芯片电路原理

3.5 故障诊断芯片

以三菱自动变速器 ECU 为例。

当 ECT 控制系统存在故障时，CPU 向故障诊断芯片（IC8）输出故障信号，IC8 对这些故障信号进行放大输出，同时 IC8 也通过自动变速器控制继电器的工作（图 3-5-1）。

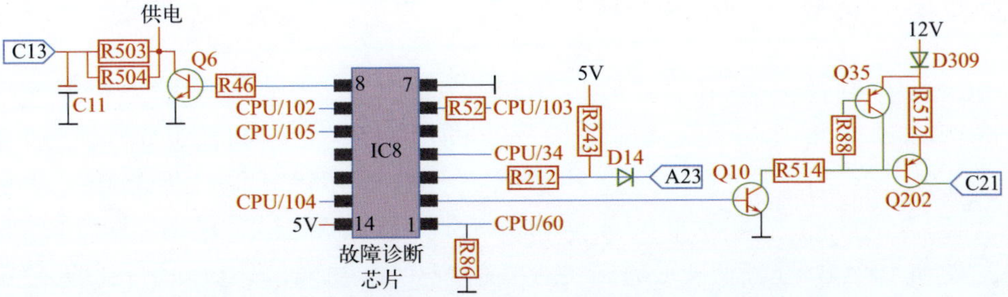

图3-5-1 三菱自动变速器ECU故障诊断芯片电路原理

3.6 CAN 通信芯片

本节以大众奥迪自动变速器 ECU 为例。

3.6.1 CAN 收发器芯片

CAN 收发器芯片用于将 CAN 控制器传来的数据转化为电信号并将其送入数据传输线，也为 CAN 控制器接收和转发数据。CAN 收发器芯片的 2、3 号脚经过贴片电感后分别与 CAN-L 和 CAN-H 数据总线相接，5、8 号脚分别连接到 CAN 控制器上，实现收发器与控制器的信息双向传输（图 3-6-1）。

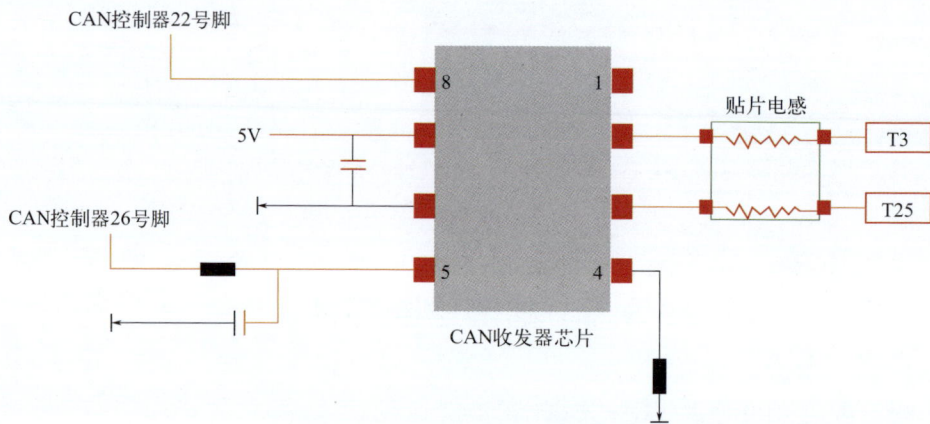

图3-6-1 CAN收发器芯片电路原理

3.6.2 CAN 控制器芯片

CAN 控制器芯片用于接收控制单元中微电脑传来的数据，对这些数据进行处理并将其传往 CAN 收发器。同样，CAN 控制器芯片也接收由 CAN 收发器传来的数据，对这些数据进行处理并将其传往控制单元中的微电脑。CAN 收发器传来的数据包括发动机转速信号、节气门开度信号等发动机和 ABS 控制单元通过 CAN 总线传送过来的汽车运行工况数据（图 3-6-2）。

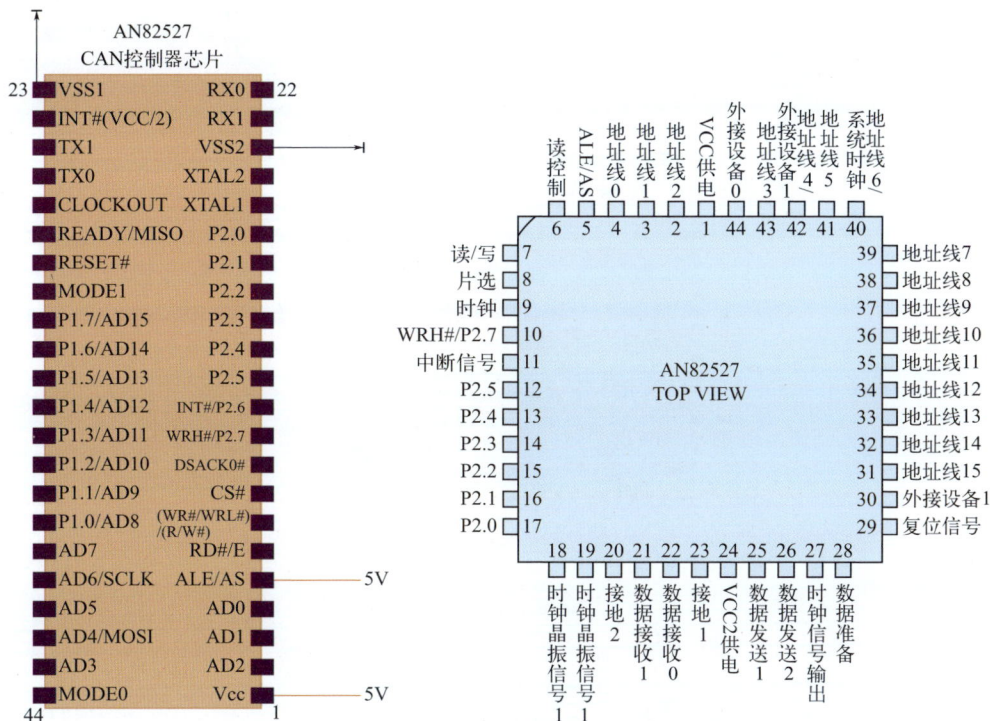

图3-6-2 CAN控制器芯片电路原理

3.7 中央处理器（CPU）芯片

3.7.1 奥迪自动变速器 CPU 芯片

　　该芯片具有较快的处理速度，是整个自动变速器控制单元的核心，当它由稳压电源 TEL4267G 上电复位后运行时，内部的控制器命令 CPU 从闪存 AM29F010 中提取控制自动变速器的各种程序，并在 RAM 中获得基本数据，对这些基本的参数进行逻辑分析和运算，又将运算的结果及中间产生的数据存储在 RAM 中，如果诊断程序检测到有故障产生，则诊断程序将把故障码存储在 RAM 中。同时，CPU 通过 CAN 控制器与其他控制单元取得联系。CPU 与控制单元内各芯片间的联系是较为复杂的，它将驾驶员的换挡意愿信号同自动变速器的运行情况有机结合起来，在适当的换挡时机向换挡执行单元（螺线管驱动器，各种电磁阀）发出指令，完成变速器的升降挡过程并保证应有的换挡品质。当变速器发生故障时，能够执行备用紧急程序，并将故障码保存在控制单元中（图 3-7-1）。

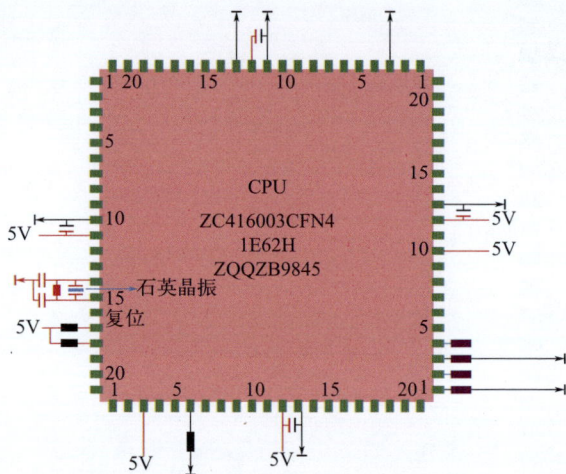

图3-7-1　奥迪自动变速器CPU芯片

3.7.2　三菱自动变速器 CPU 芯片

CPU 通过分析节气门位置传感器信号和车速信号计算出换挡时机，通过扫描油温信号及其他信号控制锁止离合器的接合与分离。在手动换挡模式时根据车速、挡位开关以及 4 个电磁阀的工作状态等信息得知当前变速器所处挡位，并在仪表板上显示相应挡位。当控制系统存在故障时，向外输出故障码信号（图 3-7-2）。

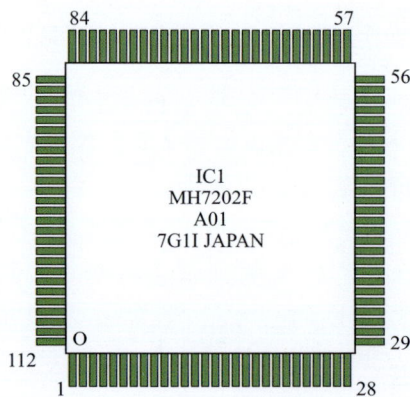

图3-7-2　三菱自动变速器CPU芯片

3.8 存储器芯片

以大众奥迪自动变速器 ECU 为例。

存储器芯片工作电压为 5V，采用 0.32μm 工艺制造，用于存储固定程序和表格数据。在自动变速器控制单元中，这些程序包括：与驾驶员和行驶状况有关的行驶程序，由模糊逻辑控制，满足不同驾驶员的驾驶要求；与行驶阻力有关的行驶程序，可识别如上坡、顶风及下坡等行驶阻力；应急程序，如果控制单元出了故障，可通过操纵变速杆在滑阀箱内换挡，使一挡、三挡和倒挡的液压控制仍有效，变速杆在位置"D"时，汽车通过液压控制可以以三挡启动；电控单元的自诊断程序。存储器芯片如图 3-8-1 所示。

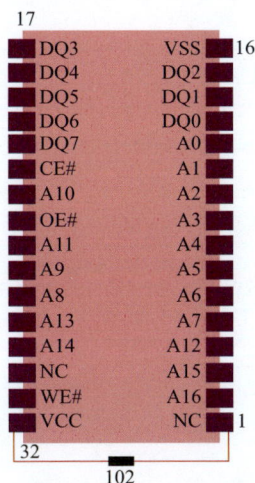

图3-8-1 存储器芯片

第 4 章

汽车车身芯片

4.1 车身控制芯片

以别克君威汽车车身控制芯片为例。

车身控制芯片执行多种车身控制功能，主要有保持附件电源 RAP、声响警告、车内照明、自动门锁、遥控门锁等。

（1）保持附件电源 RAP

当点火开关从 RUN（运行）或 ACC（附件）转到 LOCK（锁止）或 OFF（关闭）位置时，保持附件电源 RAP 允许收音机、后座音响控制（3.0L 型）、方向盘音响控制（3.0L 型）、协议转换模块（3.0L 型）、电动车窗车载电话（3.0L 型）操作 10min 或直到任意车门打开。

（2）声响警告

声响警告系统执行钥匙插入点火开关提示、系好座椅安全带提示、驻车制动提示、转向信号提示、燃油液位过低提示、前大灯接通提示、最后一扇车门锁止确认等功能。

（3）车内照明

车内照明系统执行车内照明控制、延迟照明、退出照明、剧场式调光、遥控门锁解锁照明等功能。

（4）自动门锁

自动门锁系统执行所有车门打开、所有车门锁上、最后一扇车门关闭、防止锁止、防止锁止超控、换挡至 PARK 驻车挡开门（2.5L/3.0L 型）、换挡至 PARK 驻车挡关门（2.5L/3.0L 型）、点火钥匙转至 OFF（关闭）位置所有车门打开（2.0L 型）、点火后第一次车速超过 13km/h 时所有车门锁上（2.0L 型）、所有车门重新关闭、遥控驾驶员侧车门打开、遥控所有车门打开、遥控所有车门锁上、打开后备厢等功能。

（5）遥控门锁

遥控门锁系统执行遥控驾驶员侧车门打开、遥控所有车门打开、遥控所有车门锁上、遥控操作确认、遥控警告、打开后备厢等功能。

车身控制芯片电路原理如图 4-1-1 所示，其端子定义见表 4-1-1。

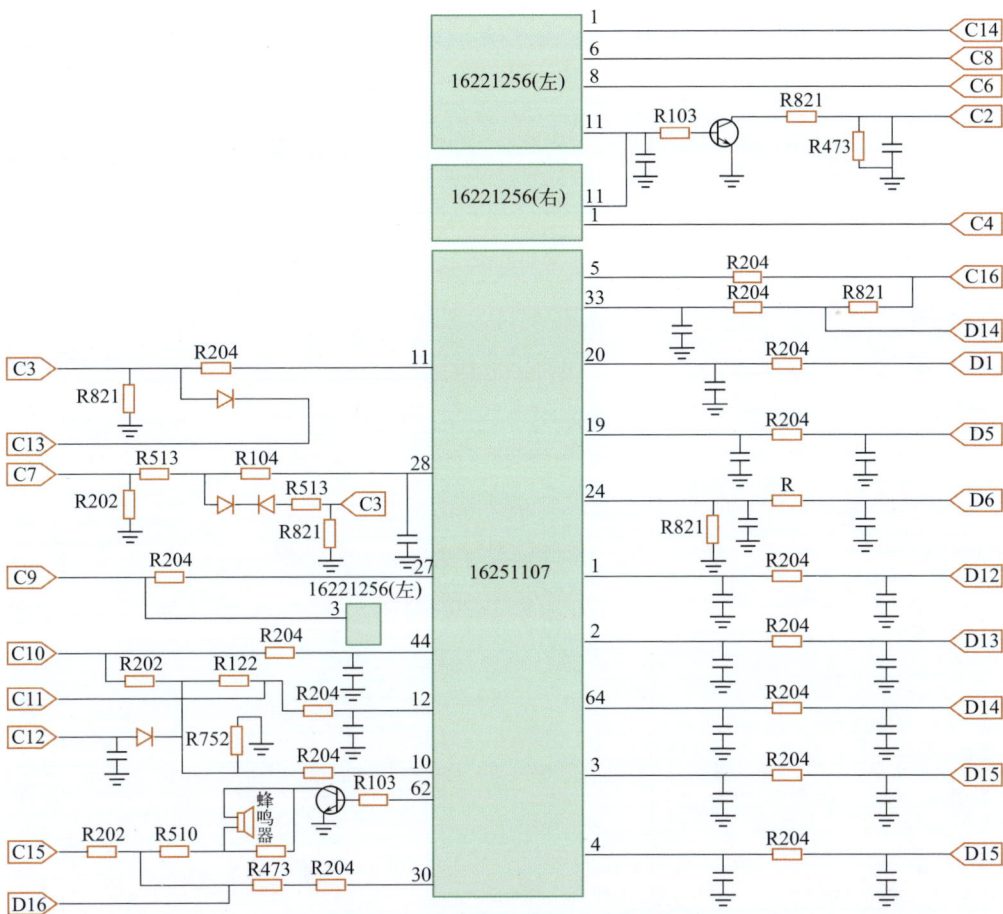

图4-1-1　车身控制芯片电路原理

表 4-1-1　车身控制模块端子定义

针	导线颜色	电路编号	功能
C1	—	—	未使用
C2	浅蓝色	1872	驻车灯关闭（接地）

针	导线颜色	电路编号	功能
C3	紫色	1500	Ign0 电源供电
C4	黑色	707	保持附件电源继电器驱动（接地）
C5	—	—	未使用
C6	黑色	28	喇叭（接地）
C7	黄色	443	附件电源供电
C8	深绿色 / 白色	1317	后雾灯控制（接地）
C9	粉红色 / 白色	1970	自动前大灯连接
C10	浅绿色	1055	轮胎气压重设定开关
C11	黑色 / 白色	438	座椅安全带开关（Ign1）
C12	紫色	—	Ign1 电源供电
C13	紫色	806	Crank 电源供电
C14	浅绿色	1391	驾驶员车门开锁
C15	黑色	377	遥控门锁连接
C16	浅蓝色 / 白色	727	乘客座车门半开（蓄电池）
D1	浅绿色	80	钥匙插入点火开关（蓄电池）
D2 ~ D4	—	—	未使用
D5	橙色 / 黑色	233	驻车制动器（输入）
D6	紫色	34	雾灯
D7 ~ D11	—	—	未使用
D12	红色 / 黑色	780	门锁开关（锁止）
D13	橙色 / 黑色	781	门锁开关（开锁）
D14	黄色	10	前大灯接通输入
D15	深蓝色 / 白色	1495	门控灯开关输出
D16	深蓝色	49	驾驶员座车门半开输出

4.2　巡航控制芯片

以丰田汽车巡航控制系统为例，其电路原理如图 4-2-1 所示。

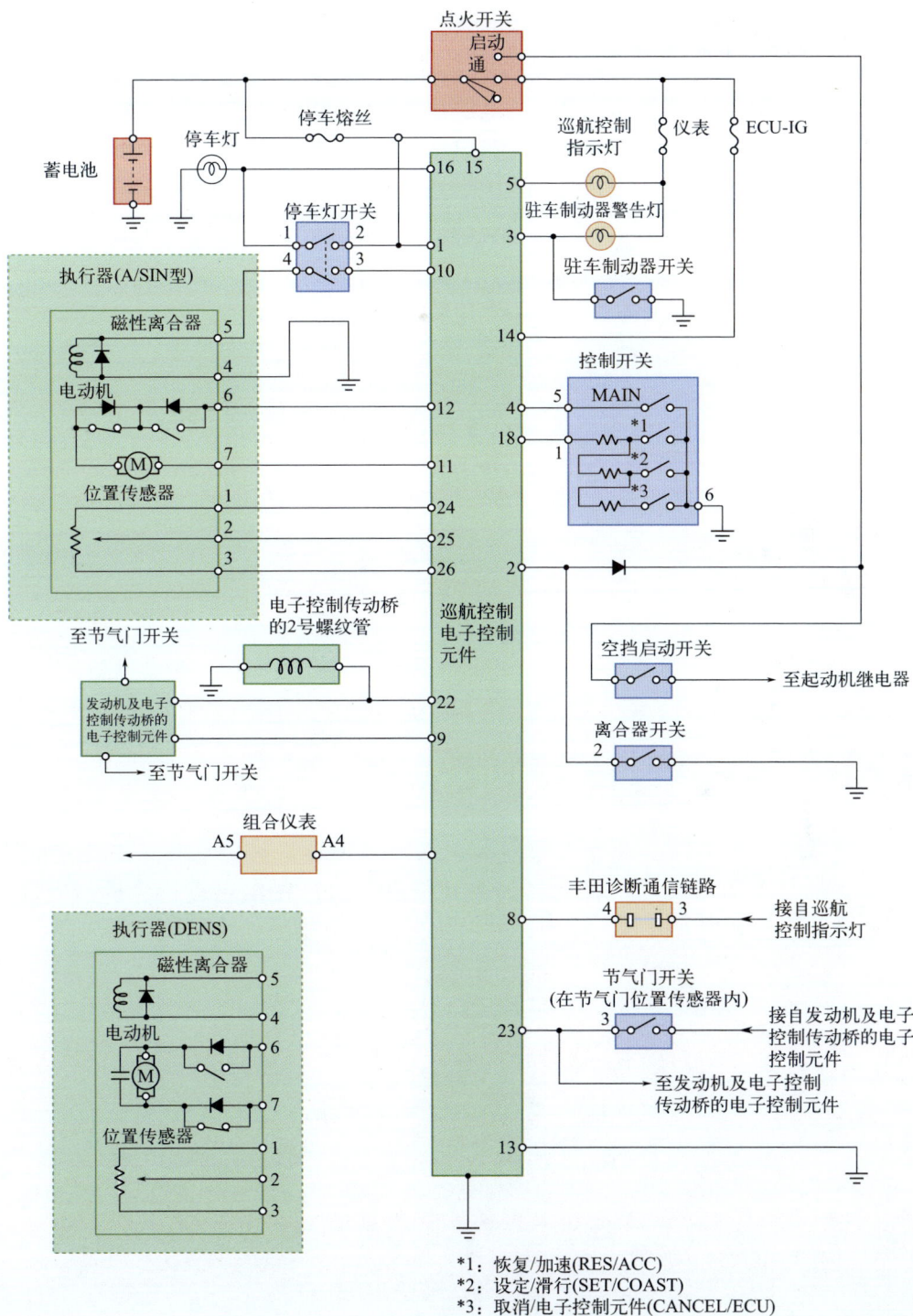

点火开关

启动

通

停车熔丝

停车灯

蓄电池

巡航控制
指示灯

仪表

ECU-IG

16 15

停车灯开关

1   2

4   3

执行器(A/SIN型)

磁性离合器

电动机

位置传感器

驻车制动器警告灯

驻车制动器开关

控制开关

MAIN

*1

*2

*3

电子控制传动桥
的2号螺纹管

至节气门开关

发动机及电子
控制传动桥的
电子控制元件

至节气门开关

巡航控制
电子控制
元件

空挡启动开关

至起动机继电器

离合器开关

组合仪表

A5   A4

丰田诊断通信链路

接自巡航
控制指示灯

节气门开关
(在节气门位置传感器内)

接自发动机及电子
控制传动桥的电子
控制元件

至发动机及电子控制
传动桥的电子控制元件

执行器(DENS)

磁性离合器

电动机

位置传感器

*1：恢复/加速(RES/ACC)
*2：设定/滑行(SET/COAST)
*3：取消/电子控制元件(CANCEL/ECU)

图4-2-1　丰田汽车巡航控制系统电路原理

第 4 章　汽车车身芯片

4.2.1 电源芯片

该芯片将点火开关引入的 IG 电源 B 以及将蓄电池正极引入的 BATT 通过电源三极管的作用转换成供巡航电脑使用的 5V 电源。具体方法是芯片的 6 号脚控制电源转换三极管 B1015 基极的正向偏置，使三极管导通。由 B1015 PNP 晶体管发射极接电源 B，集电极输出 5V 电位（图 4-2-2）。

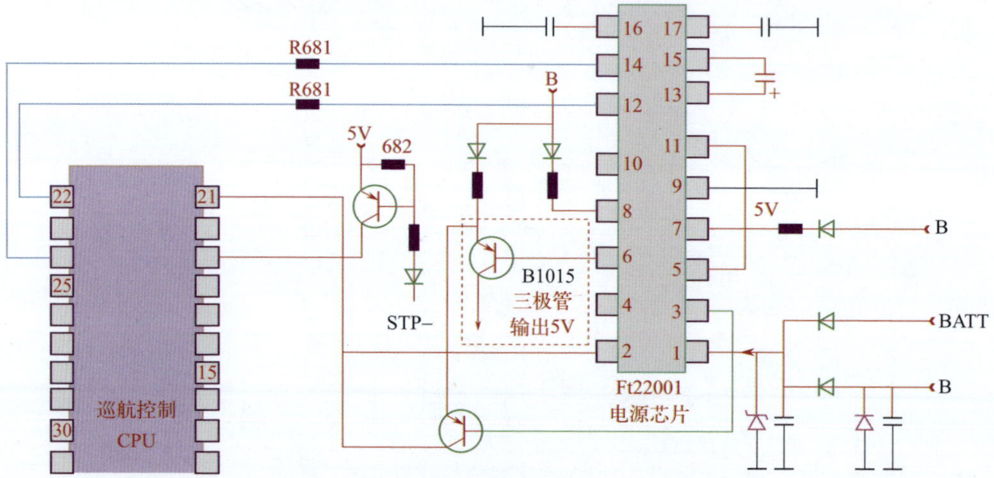

图4-2-2 巡航系统控制模块电源芯片电路原理

4.2.2 巡航控制系统 CPU 芯片

该芯片（图 4-2-3）是整个巡航控制系统的核心。它提取来自数字缓冲器采集到的开关信号及随机存储器的原始信息，对这些信息进行分析与处理，将计算结果暂时寄存在 RAM 中，并向执行器发出指令，控制执行器工作。

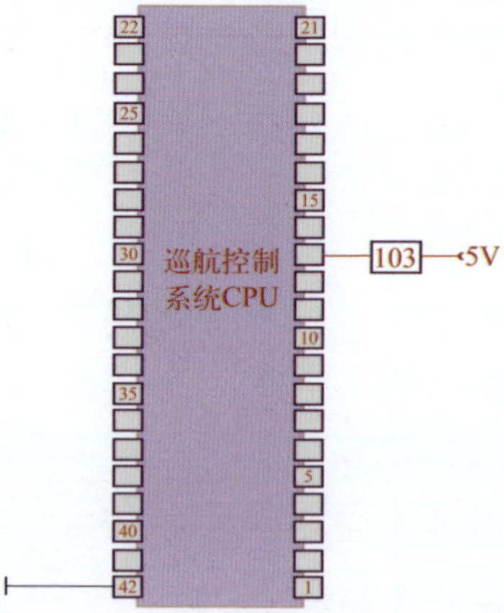

图4-2-3 巡航控制系统CPU芯片

4.2.3　静态内存芯片

该芯片具有串行 I/O 接口，8 通道多 EBO 路输入。其转换的模拟信号有执行器位置传感器信号、巡航开关信号等，这些都是 CPU 用以计算分析的重要参数。CPU 将中间计算数据、计算结果通过内存的 DI 口串行输入，又由内存的 DO 口串行输出，起到暂时存储数据的作用（图 4-2-4）。

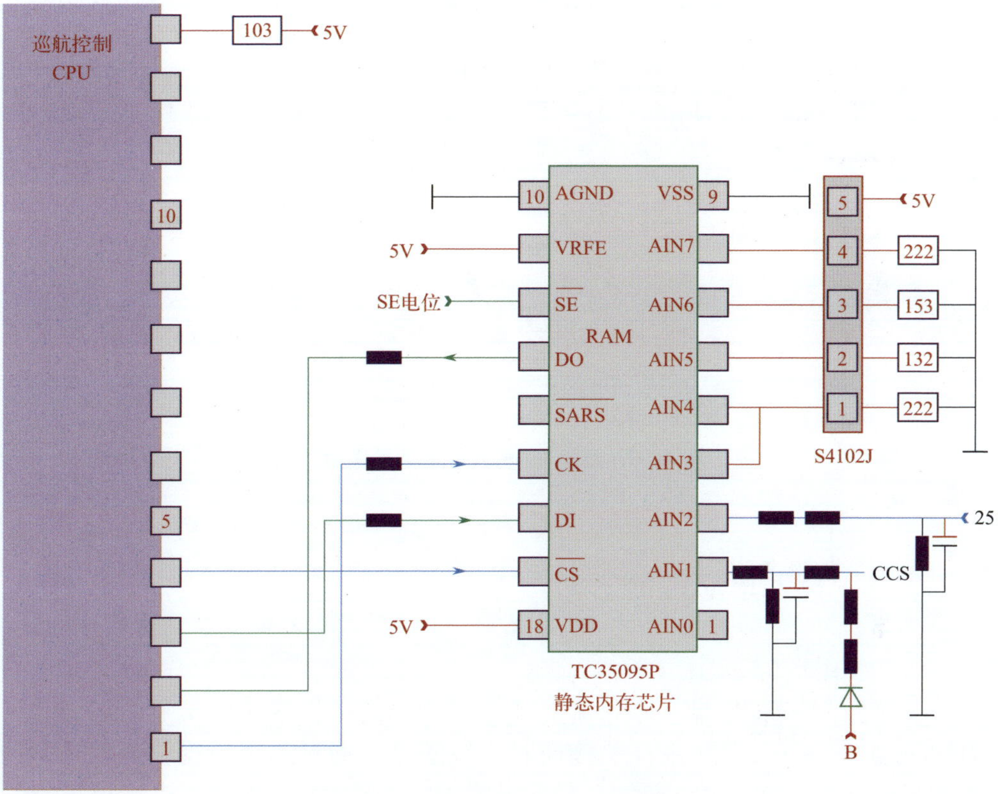

图4-2-4　静态内存芯片电路原理

4.2.4　数字信号缓冲器芯片

该芯片具有稳定数字开关信号和暂时锁存数字开关信号的作用。它与CPU 的时钟频率同步后将开关信号输出给 CPU，并向 CPU 提供控制系统运行状况的基本数据（图 4-2-5）。

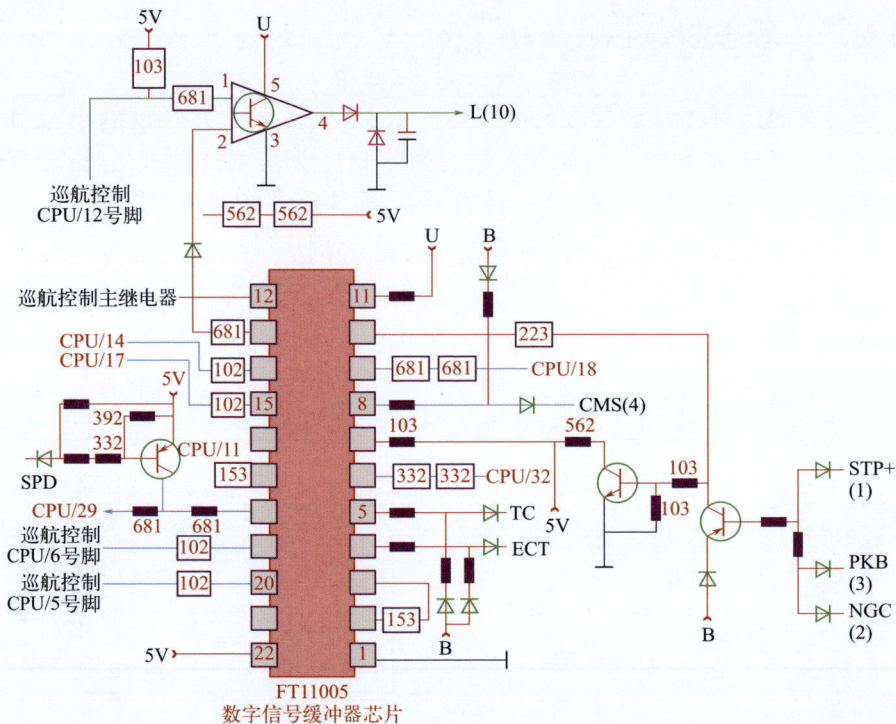

图4-2-5 数字信号缓冲器芯片电路原理

4.2.5 其他巡航控制芯片

（1）主继电器芯片

巡航控制主继电器芯片既负责继电器线圈的负极搭铁，又负责向各执行器的驱动器供电。巡航主开关接通时，线圈负极通过一个二极管搭铁，同时在满足条件时CPU向线圈的正极发出供电指令，使继电器工作，电磁离合器、巡航控制电动机等执行器得电工作（图4-2-6）。

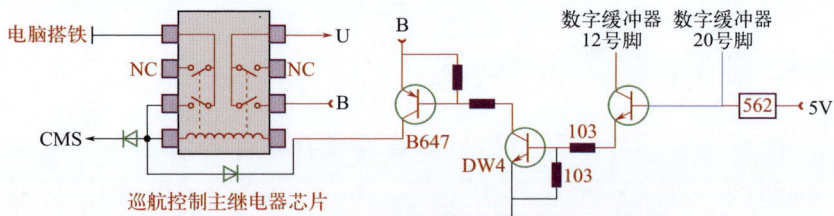

图4-2-6 巡航控制主继电器芯片电路原理

（2）三极功放管

NPN 型低频功率三极管（三极功放管）用于驱动巡航控制指示灯，其基极经一个电阻与 CPU27 脚相连，集电极接指示灯一端。当巡航主开关接通时，该三极管工作，指示灯点亮，若系统在自诊断状态下，则三极管在 CPU 的脉冲指令下进行有规律的通断，指示灯便以一定的频率点亮与熄灭，闪烁故障码（图 4-2-7）。

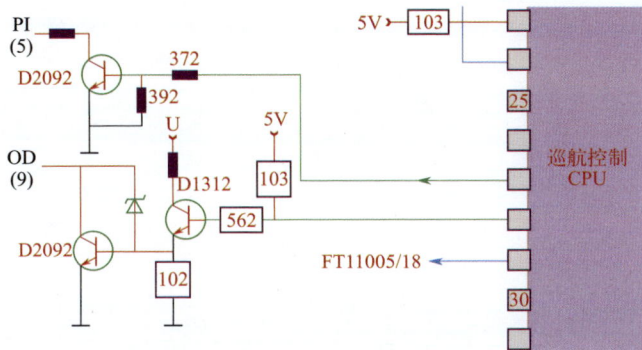

图4-2-7　三极功放管电路原理

（3）稳压二极管

稳压二极管工作在反向导通特性区，当 ECU 输入电压即将超过 12V 时电阻急剧变小，于是将电压保持在 12V 左右。输入电压经稳压二极管后到达电源芯片的第 1 脚（图 4-2-8）。

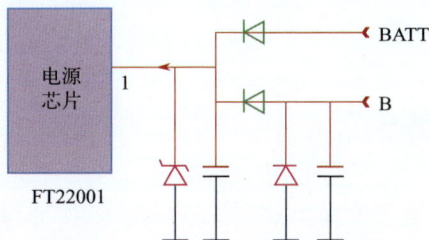

图4-2-8　稳压二极管电路原理

第 5 章

汽车底盘芯片

5.1 防抱死制动系统（ABS）芯片

以三菱汽车防抱死制动系统（ABS）ECU 为例。

5.1.1 电源芯片

汽车四个车轮的轮速信号经该芯片的周围电路滤波整形处理后，输入芯片内部，电源芯片（IC3）对轮速信号进行放大和 A/D 转换处理，再以数字形式输送至 CPU，制动踏板信号也输入此芯片内。IC3 通过控制 ABS 油泵电动机的正极通电使油泵工作，ABS 各进、出油电磁阀的供电也是由 IC3 控制的。电源芯片电路原理如图 5-1-1 所示。

5.1.2 存储器芯片

存储器 IC2 为 ABS 控制单元的程序存储器芯片，其内部储存有使各车轮具有最佳路面附着系数的滑移率控制参数及 ABS 运行程序。CPU 直接从 IC2 提取标准参数和控制程序（图 5-1-2）。

5.1.3 CPU 芯片

CPU 芯片（IC1）根据由 IC3 输入的 4 个转速传感器的车轮转速信号，不断地对每个车轮转速和减速度进行运算，估算车速。当踩下制动踏板时，各个盘式制动分泵内的液压开始升高，车轮转速开始降低。如果有任何一个车轮将要抱死，CPU 就对制动管路压力控制电磁阀发出指令，降低这个车轮盘式制动分泵内的液压。如果 CPU 检测到任何一个信号系统发生故障，CPU 将会把故障信息储存在 IC2 内，同时使 ABS 系统进入失效保护状态（图 5-1-3）。

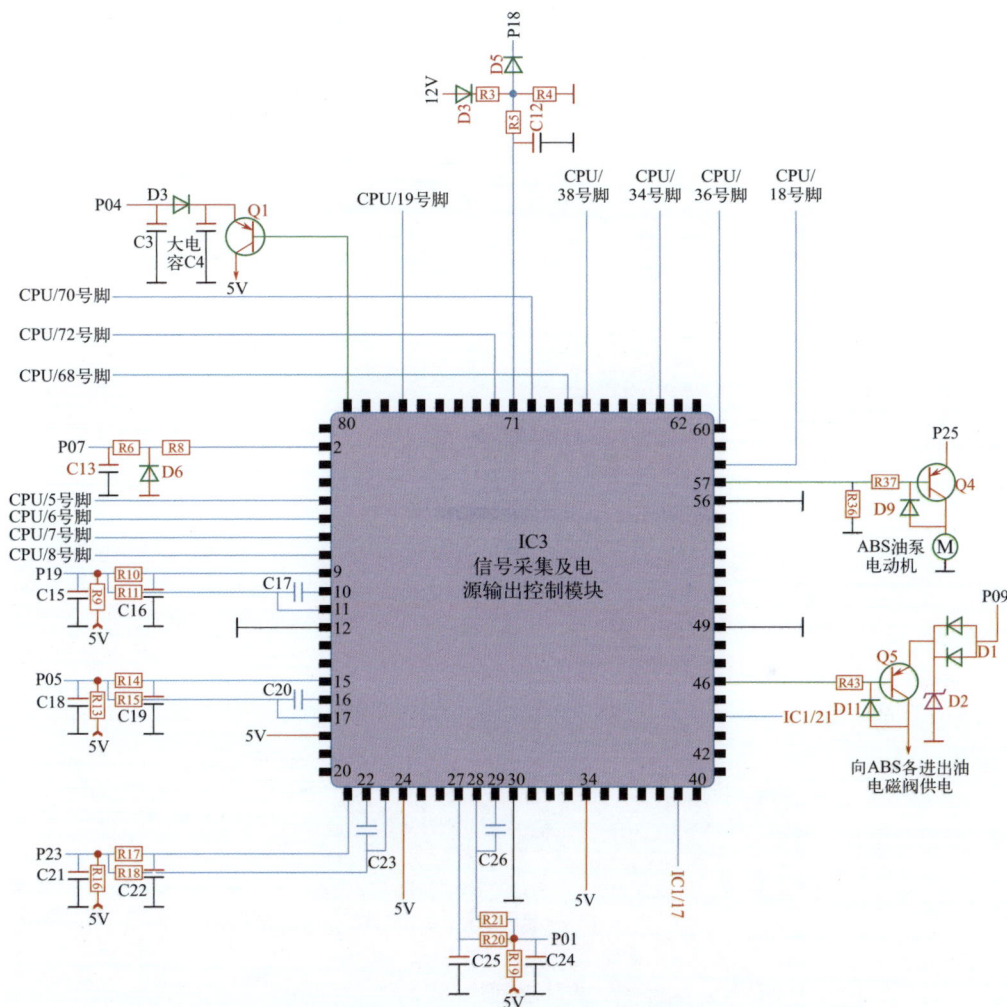

图5-1-1　电源芯片电路原理

5.1.4　制动控制芯片功能元器件

（1）5V 电源晶体管

5V 电源晶体管（Q1）为 PNP 型电源转换晶体管，其基极受 IC3 控制，该管的作用就是将 ABS-ECU 供应电压转换成可供电脑内部芯片使用的 5V 电源，其电路原理如图 5-1-4 所示。

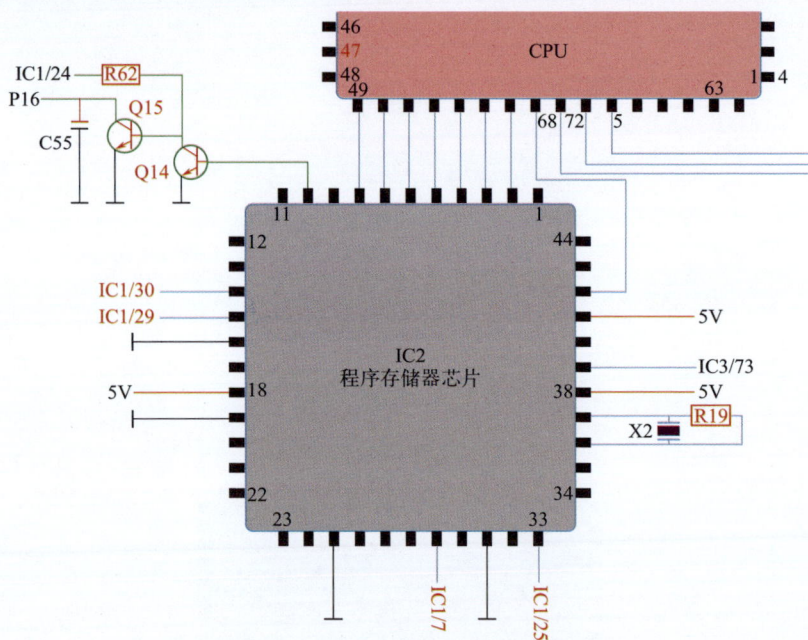

图5-1-2 存储器芯片电路原理

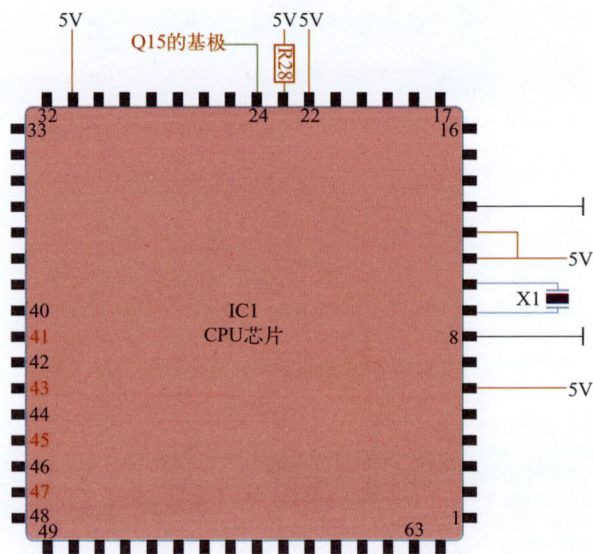

图5-1-3 CPU芯片电路原理

图解汽车芯片技术

（2）整流稳压二极管

如图 5-1-5 所示，D1 为双二极管，共用负极，该元件正极接输入电源，能有效对电源进行整流；D2 为瞬时过压保护稳压二极管，对电磁阀供应经过二极管 D1 整流的电流起稳压作用。

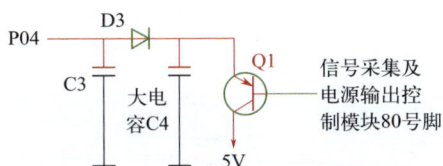

图5-1-4　5V电源晶体管电路原理

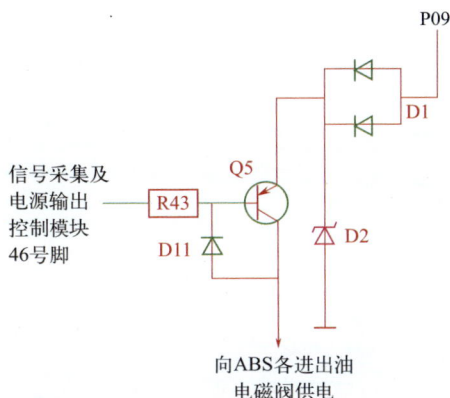

图5-1-5　整流稳压二极管电路

（3）进出油电磁阀驱动晶体管

如图 5-1-6 所示，ABS 系统中共有 8 个 K2869 电磁阀驱动晶体管（Q12、Q8、Q11、Q7、Q10、Q6、Q13、Q9），分别由 CPU（IC1）的 41 ～ 48 号脚控制。当其基极有信号输入时，驱动极信号输入，晶体管正向偏置导通，控制电磁阀的负极由原来的 12V 电压趋于 0，即对电磁阀进行接地控制，这个过程使常开的进油阀关闭或使常闭的出油阀开启，调节 ABS 油路系统的管路压力。

（4）油泵电动机供电电源管

当 ABS 系统工作，需要油泵泵油以快速提高管路压力时，IC3 的 57 号脚向 ABS 油泵电动机供电电源管的基极发出指令，ABS 油泵电动机供电电源管导通，向 ABS 油泵电动机的一端供电，电动机运转（参见图 5-1-1）。

（5）进出油电磁阀供电电源管

当踩下制动踏板，IC3 收到制动开关信号，ABS 系统工作时，IC3 的 46 号脚向 ABS 进出油电磁阀供电电源管的基极发出开启指令，ABS 进出油电磁阀供电电源管正向偏置导通，向 8 个 ABS 进出油电磁阀线圈的一端供电，电磁阀是否动作则由其对应的驱动晶体管控制（图 5-1-7）。

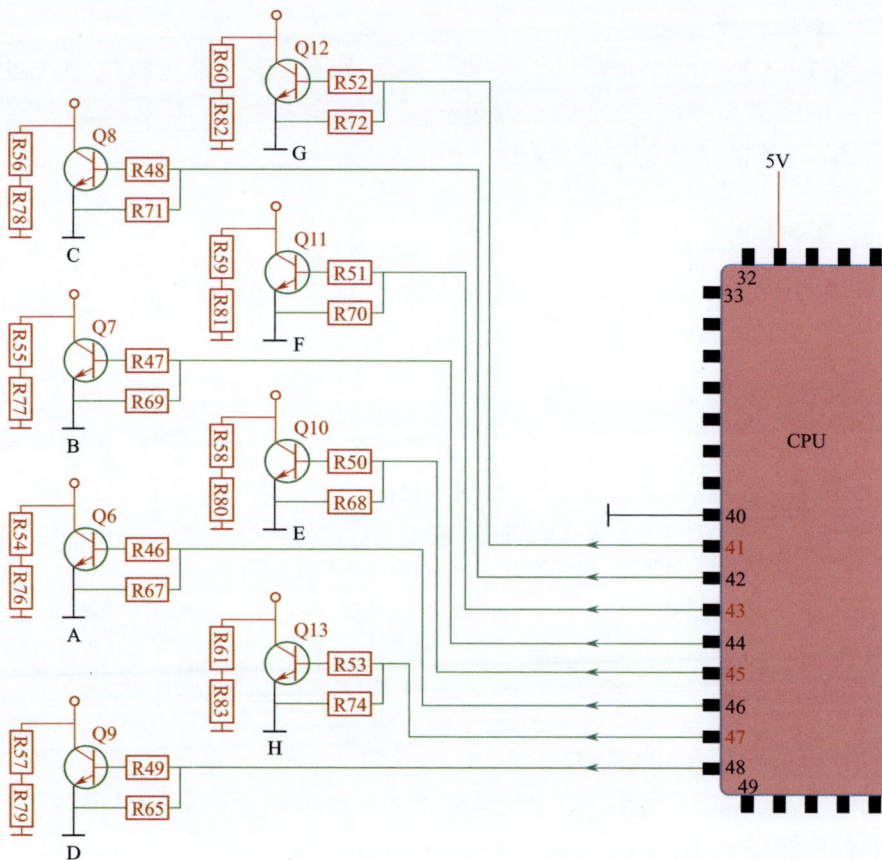

图5-1-6 进出油电磁阀驱动晶体管电路原理

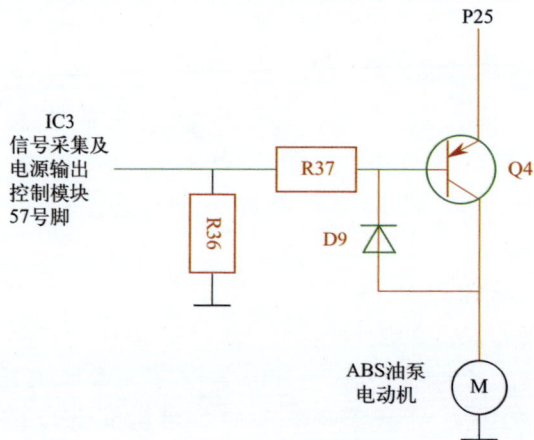

图5-1-7 ABS进出油电磁阀供电电源管电路原理

5.2　空气悬架系统芯片

以丰田汽车悬架系统为例。

5.2.1　电源芯片

电源芯片（IC201）的作用就是将电源电路输入的电压转换成可供 ECU 内部各芯片和集成电路使用的电源电压。如该芯片损坏，系统将无法工作，严重时将损毁电脑板。电源芯片电路原理如图 5-2-1 所示。

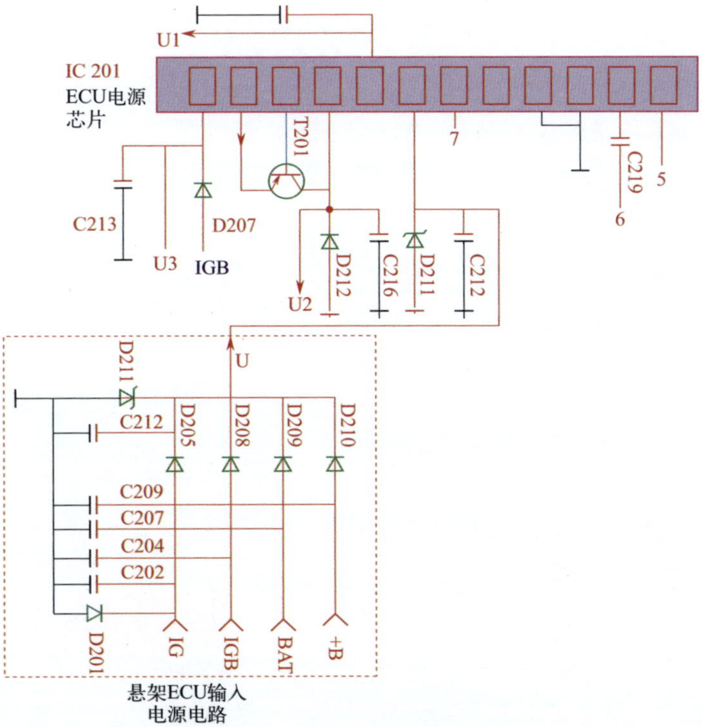

图5-2-1　电源芯片电路原理

输入电源电路将蓄电池 12V 电压整流稳压，使输入电压趋于稳定。输入电源电路经整流稳压后向电源芯片 IC201 的 6 号脚输入电压。电路中起主导作用的是大的整流二极管（D201）、稳压管（D211）及其他二极管。

5.2.2 通电控制器芯片

通电控制器芯片（IC401）是负责在满足条件时给悬架高度控制功率管 T2838 提供电源和信号输入。IC401 的 1 号脚通过驱动 T403 向控制排气阀和压缩机继电器的两个 T2838 提供开启信息，通过驱动 T402、T401 向驱动高度控制阀的四个 T2838 提供电压输入（图 5-2-2）。

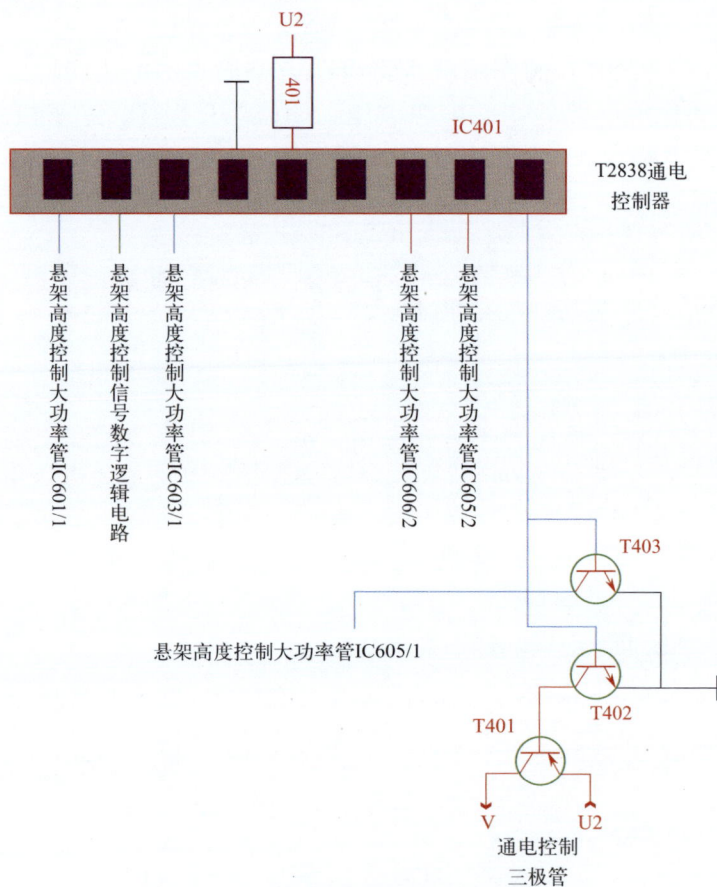

图5-2-2　通电控制器芯片电路原理

5.2.3 随机存储器（RAM）芯片

RAM 芯片（IC501）的作用是暂时存储 CPU 运算产生的中间数据及运算结果，并将悬架控制的指示灯信号输出给悬架高度控制及 LRC 指示灯驱动器 IC502、IC503。其电路原理如图 5-2-3 所示。

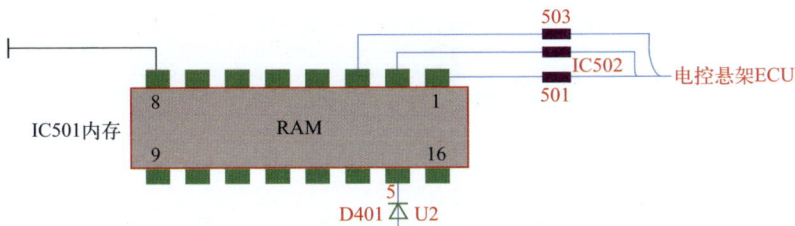

图5-2-3　随机存储器芯片电路原理

5.2.4　硬度控制信号放大器芯片

悬架硬度控制信号是由悬架硬度控制信号放大器芯片（IC403）首先放大之后再输出到其他级别放大电路的，IC403 的 2 ～ 7 号脚接收 CPU 控制指令，11 ～ 16 号脚为信号放大输出（图 5-2-4）。

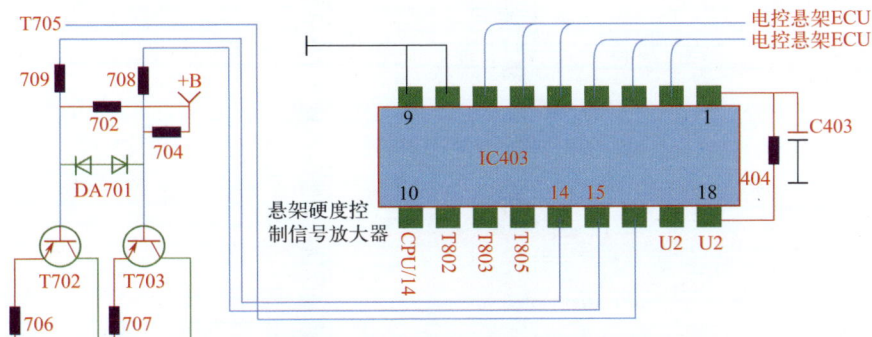

图5-2-4　悬架硬度控制信号放大器芯片电路原理

5.2.5　系统输入信号数字逻辑电路芯片

悬架系统输入信号数字逻辑电路芯片（IC101、IC102）接收来自悬架电控系统各传感器的信号，经 IC 内部数字电路处理后发送给悬架 CPU，CPU 根据这些基本信号进行分析运算，得出结果。其电路原理如图 5-2-5 所示。

5.2.6　高度控制信号数字逻辑电路芯片

高度控制信号数字逻辑电路芯片（RA601）在接收到 CPU 引脚发出的高度控制信号时，便向相应的高度控制 5 脚大功率管 T2838 输出驱动信号。其电路原理如图 5-2-6 所示。

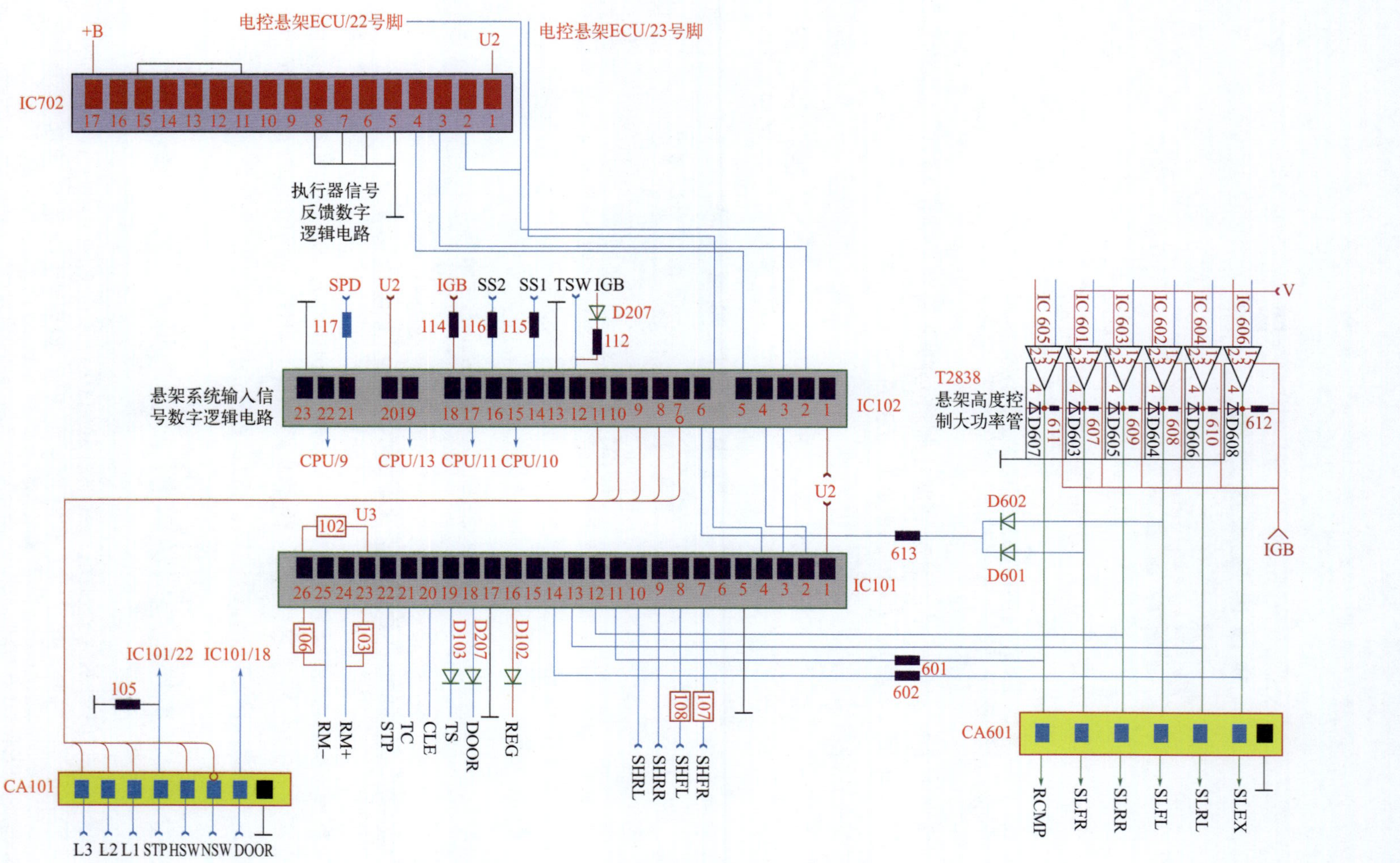

图5-2-5 悬架系统输入信号数字逻辑电路芯片电路原理

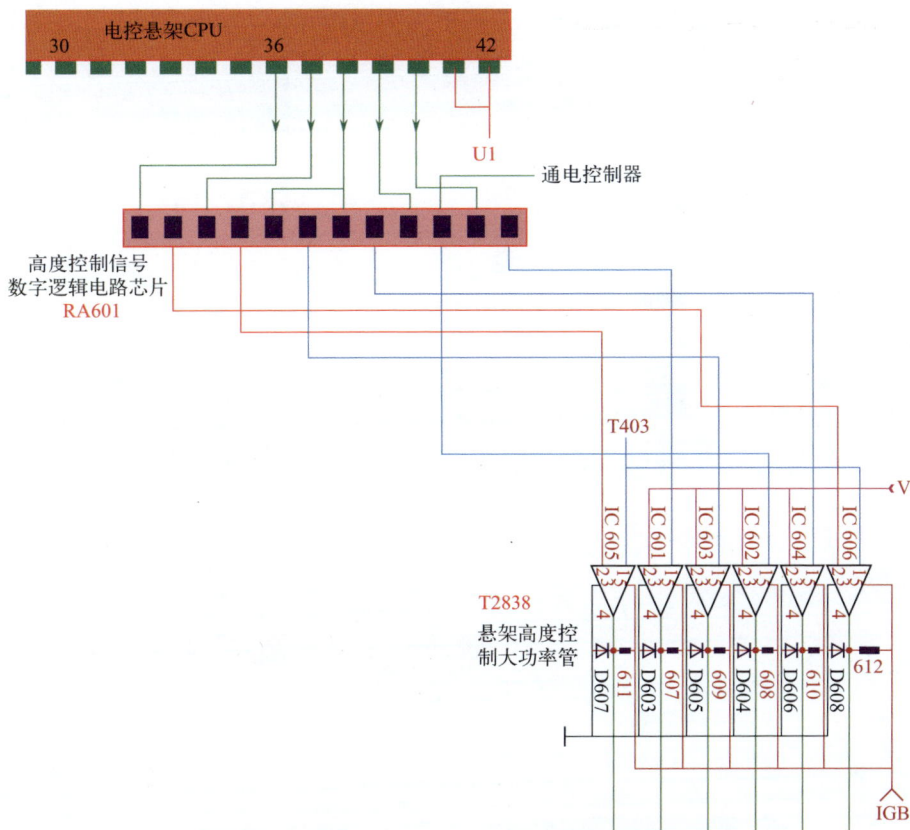

图5-2-6   高度控制信号数字逻辑电路芯片电路原理

5.2.7   其他悬架控制芯片

（1）硬度 "中" 控制驱动芯片

IC706 为前悬架硬度 "中" 控制驱动芯片，IC806 为后悬架硬度 "中" 控制驱动芯片。当 IC706 工作时，电流由 FCH 端子放大输出到前悬架控制执行器，前悬架的软硬度将处于 "中" 的位置；当 IC806 工作时，后悬架的软硬度也将处于 "中" 的位置。悬架硬度 "中" 控制驱动芯片电路原理如图 5-2-7 所示。

（2）高度及 LRC 指示灯控制驱动芯片

该芯片接收来自随机存储器 IC501 输出的指示灯信号，通过驱动器内部的放大电路放大后驱动相应指示灯点亮，其中 IC502 驱动 VN、VH 高度指示灯，IC503 驱动 VS、VL 指示灯。其电路原理如图 5-2-8 所示。

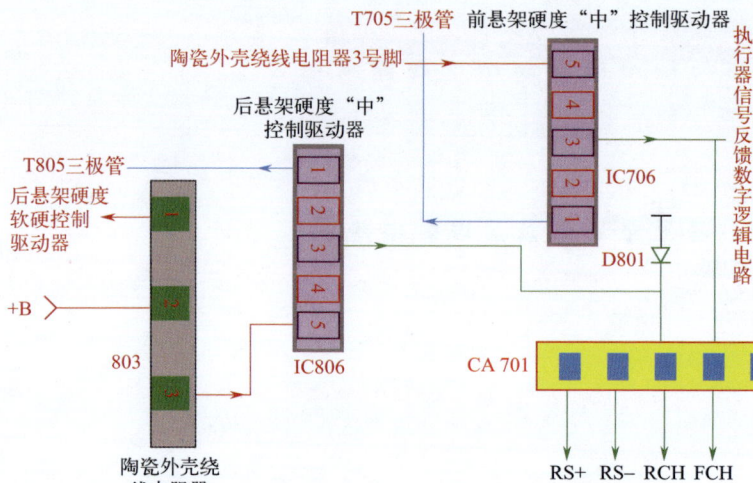

图5-2-7　悬架硬度"中"控制驱动芯片电路原理

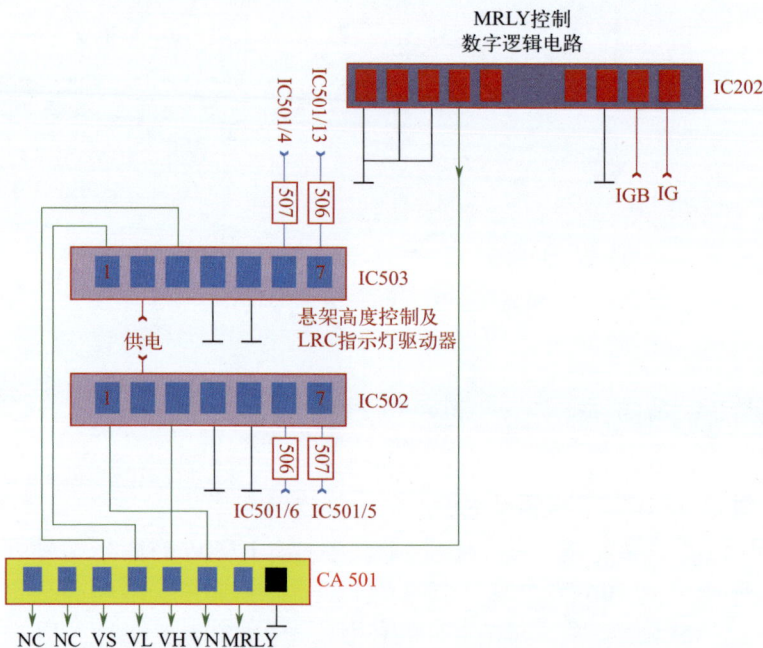

图5-2-8　悬架高度及LRC指示灯控制驱动芯片电路原理

（3）电控悬架系统 CPU

CPU 是整个电控悬架系统的核心。CPU 根据悬架系统的输入信号分析当前汽车行驶状态，计算悬架控制执行器应如何动作，并根据执行器的反馈信号检测是否有故障存在，以及在出现故障时采取备用措施等。

（4）高度控制大功率管

悬架高度控制大功率管（T2838）属于大功率开关型 5 号脚集成电路芯片，在电控悬架系统中起控制悬架高度的作用，实际上就是驱动对悬架空气弹簧的充、排气。T2838 的 1 号脚接控制信号，2 号脚为电源输入，3 号脚搭铁，5 号脚为 IGB 电源输入，4 号脚向外控制输出。其电路原理如图 5-2-9 所示。

（5）电源转换三极管

电源转换三极管（T201）的作用是将输入电源转换成可供各芯片使用的 U2 电压电源，其电路原理如图 5-2-10 所示。

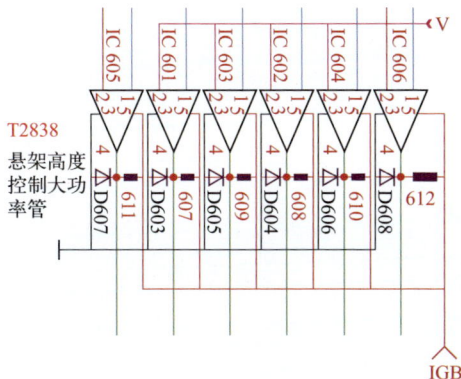

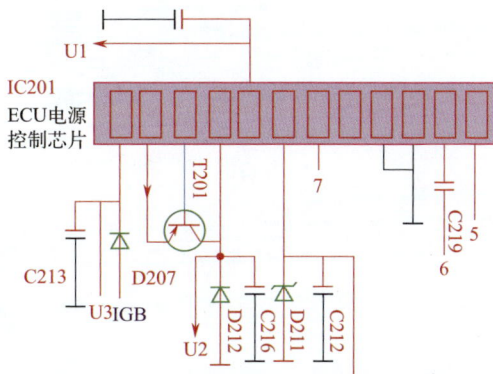

图5-2-9　悬架高度控制大功率管电路原理　　图5-2-10　电源转换三极管电路原理

（6）执行器信号反馈数字逻辑电路芯片

由 ECU 输出到悬架执行器的控制电流和电压都将被执行器信号反馈数字逻辑电路（IC702）取样检测。CPU 根据这些数据可确定哪些执行器出现了问题，当执行器的运行数据与标准值偏差太多时，CPU 将记录下这个信息，并以故障码形式存储在 RAM 中。该芯片电路原理如图 5-2-11 所示。

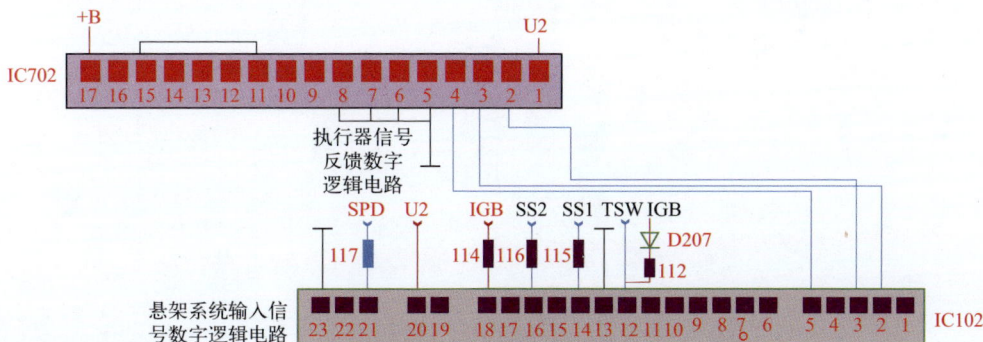

图5-2-11　执行器信号反馈数字逻辑电路芯片电路原理

（7）硬度"软、硬"控制驱动芯片

　　芯片 IC701 为前悬架硬度"软、硬"控制驱动芯片，IC80C 为后悬架硬度"软、硬"控制驱动芯片。当 IC701 驱动电流由前悬架控制执行器的 FS+ 端子流出、FS- 端子流入时，前悬架将处于"硬"的位置；当 IC701 驱动电流由前悬架控制执行器的 FS- 端子流出、FS+ 端子流入时，前悬架将处于"软"的位置；同理，当 IC801 工作时，后悬架的软、硬度也将如此调节。悬架硬度"软、硬"控制驱动芯片电路原理如图 5-2-12 所示。

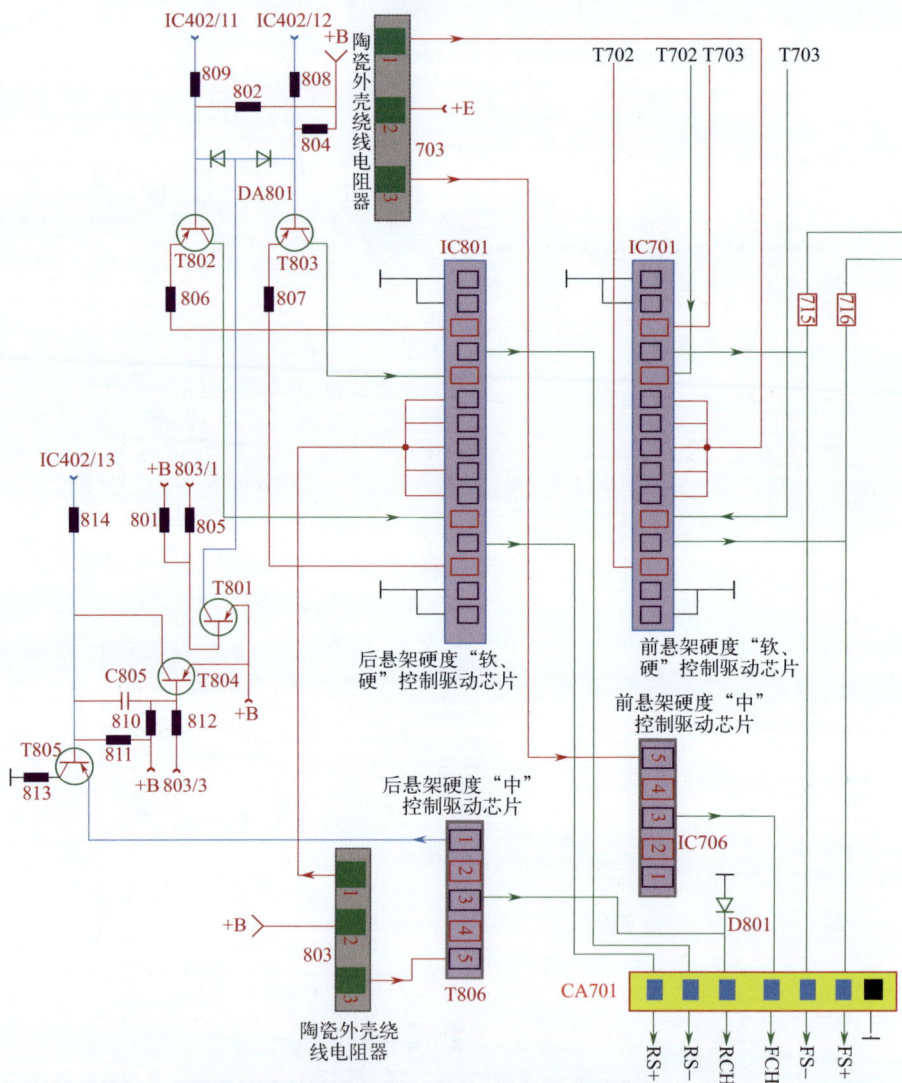

图5-2-12　悬架硬度"软、硬"控制驱动芯片电路原理
红色线—电源线；绿色线—控制线

第 6 章

汽车传感器和执行器控制芯片

6.1 汽车传感器控制芯片

6.1.1 爆震传感器控制芯片

以大众奥迪汽车爆震传感器控制芯片为例。

该芯片负责将爆震传感器检测到的爆震信号转化成 ECU 能够识别的数字信号，即模 / 数转换。如果该芯片损坏，则发动机无法控制爆震现象，会导致发动机产生尖锐的敲缸声，并损坏曲柄连杆机构（图 6-1-1 和图 6-1-2）。

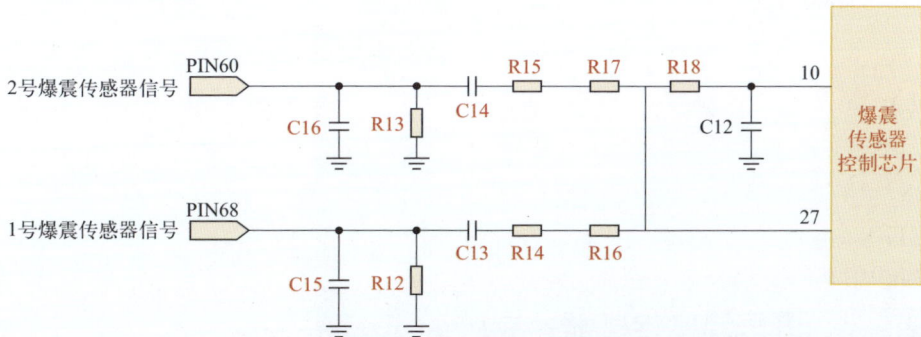

图6-1-1 爆震传感器控制芯片电路原理（一）

发动机电控单元

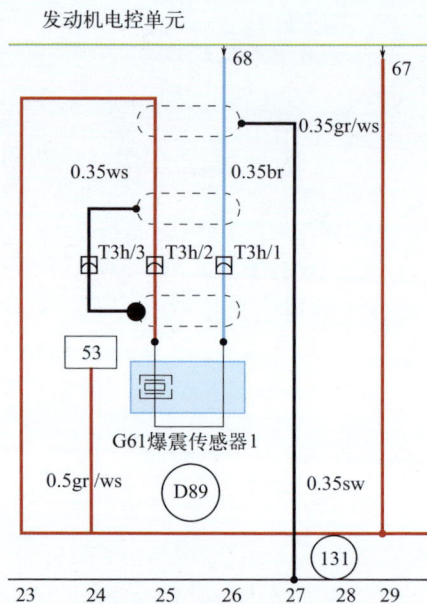

图6-1-2 爆震传感器控制芯片电路原理（二）

6.1.2 氧传感器控制芯片

以别克汽车氧传感器控制芯片为例，其电路原理如图 6-1-3 和图 6-1-4 所示。

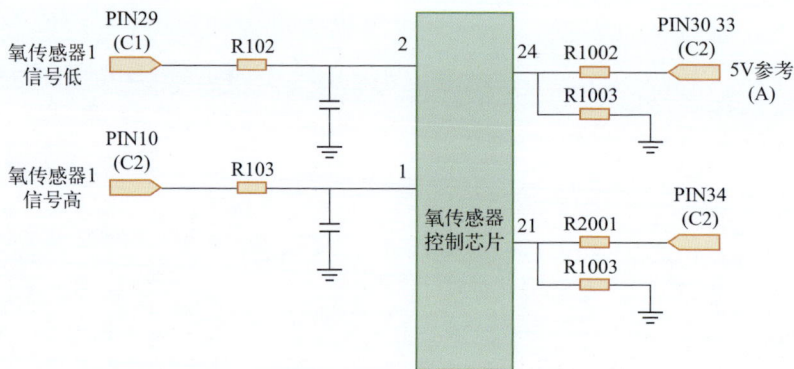

图6-1-3 氧传感器控制芯片电路原理（一）

6.1.3 进气温度传感器控制芯片

以别克汽车进气温度传感器控制芯片为例，其电路原理如图 6-1-5 和

图解汽车芯片技术

图 6-1-6 所示。

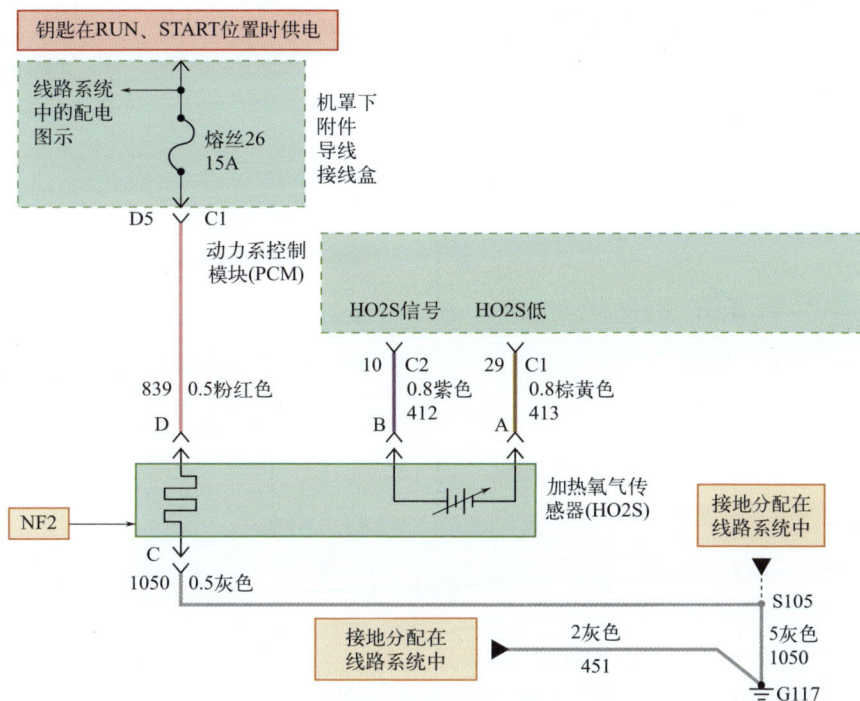

图6-1-4　氧传感器控制芯片电路原理（二）

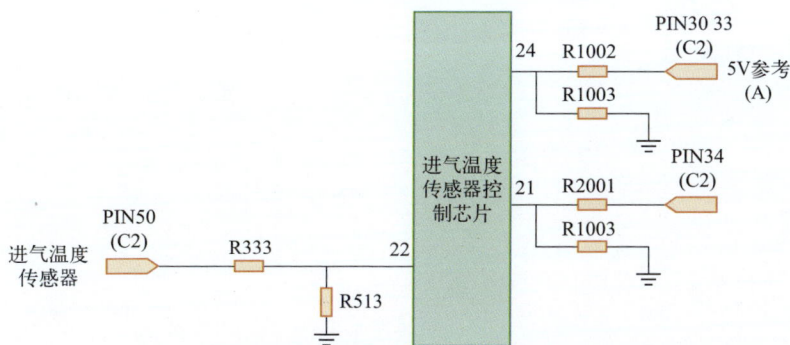

图6-1-5　进气温度传感器控制芯片电路原理（一）

6.1.4　进气歧管绝对压力传感器控制芯片

以别克汽车进气歧管绝对压力传感器控制芯片为例，其电路原理如图 6-1-7 和图 6-1-8 所示。

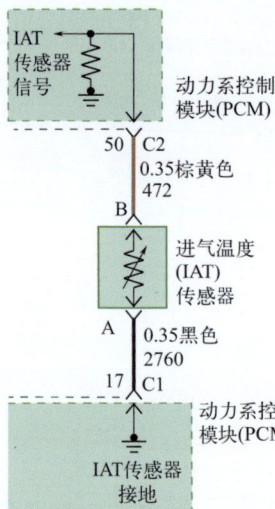

图6-1-6 进气温度传感器控制
芯片电路原理（二）

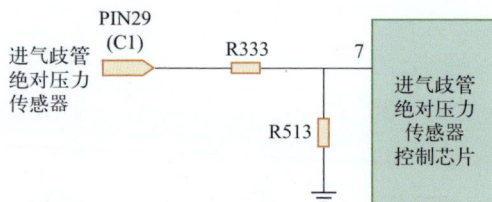

图6-1-7 进气歧管绝对压力传感器控制
芯片电路原理（一）

6.1.5 空气流量传感器控制芯片

以别克汽车空气流量传感器控制芯片为例，其电路原理如图 6-1-9 和图 6-1-10 所示。

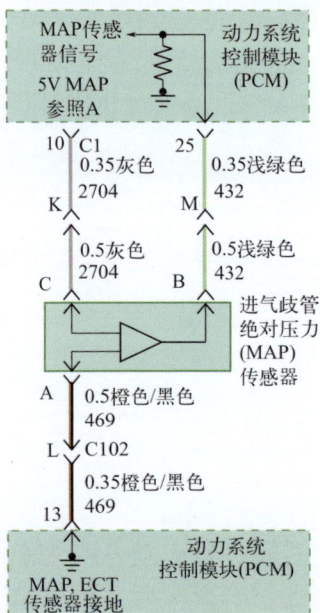

图6-1-8 进气歧管绝对压力传
感器控制芯片电路原理（二）

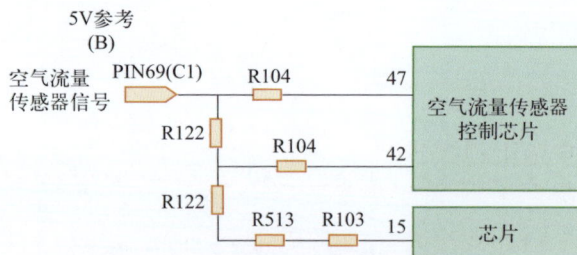

图6-1-9 空气流量传感器控制
芯片电路原理（一）

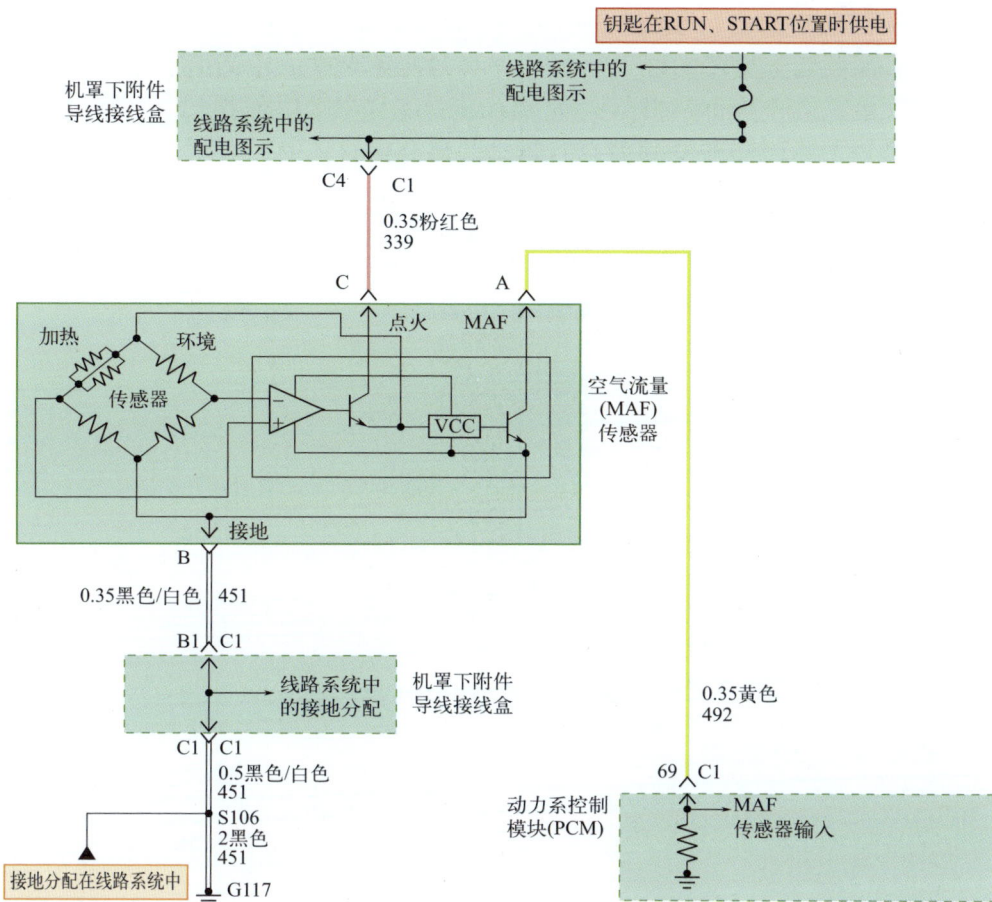

机罩下附件
导线接线盒

线路系统中的
配电图示

线路系统中的
配电图示

C4   C1

0.35粉红色
339

C   A

加热   环境   点火   MAF

传感器   空气流量
(MAF)
传感器

VCC

接地

B

0.35黑色/白色   451

B1 C1

线路系统中
的接地分配

机罩下附件
导线接线盒

0.35黄色
492

C1 C1

0.5黑色/白色
451

S106
2黑色
451

接地分配在线路系统中

G117

69   C1

动力系控制
模块(PCM)

MAF
传感器输入

图6-1-10   空气流量传感器控制芯片电路原理（二）

6.1.6　曲轴及车速传感器控制芯片

以日产汽车曲轴及车速传感器控制芯片为例。

曲轴及车速传感器控制芯片对 PIN22/30、PIN31/40 输入的曲轴转角传感器信号及 PIN32 输入的车速信号进行处理，使之成为 CPU 可以识别的数字脉冲信号。若该芯片损坏，ECU 将因无曲轴转速信号而停止工作。其电路原理如图 6-1-11 所示。

6.1.7　冷却液温度传感器控制芯片

以日产汽车冷却液温度传感器控制芯片为例。

该芯片的作用是将 PIN18（冷却液温度传感器）的信号输入至 CPU 的 33 号脚，其电路原理如图 6-1-12 所示。

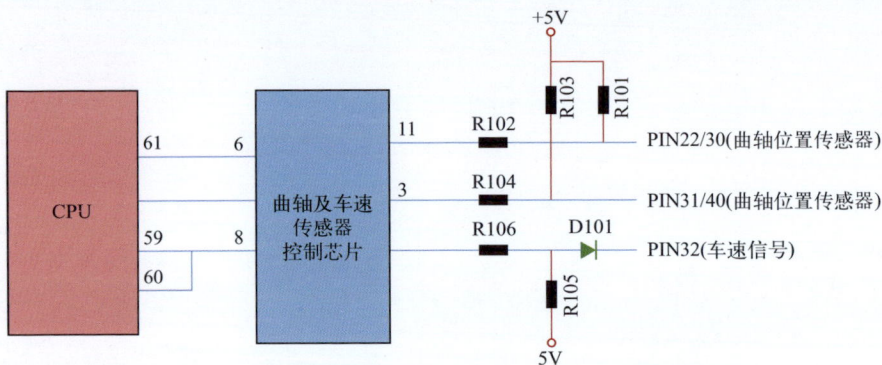

图6-1-11　曲轴及车速传感器控制芯片电路原理

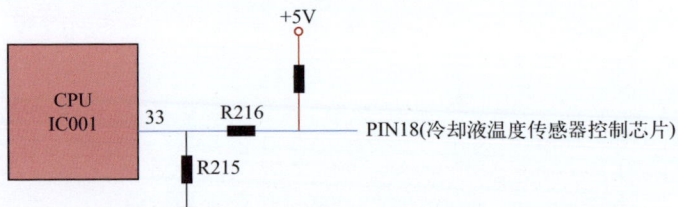

图6-1-12　冷却液温度传感器控制芯片电路原理

6.2　汽车执行器控制芯片

以日产汽车执行器控制芯片为例。

6.2.1　喷油器控制芯片

如图 6-2-1 所示，CPU 根据曲轴及车速信号处理芯片输入的曲轴、位置传感器信号以及各传感器输入的信号进行分析计算后，在 CPU 的 25～28 号脚输出四路喷油信号，送到喷油信号线组选择器进行放大处理，处理后由喷油信号线组选择器的 12 号脚、9 号脚、7 号脚、4 号脚输出四路喷油信号到功率放大芯片，喷油信号经功率放大芯片驱动放大后通过电脑引脚 PIN112、PIN103、PIN110、PIN101 送到喷油器控制喷油。

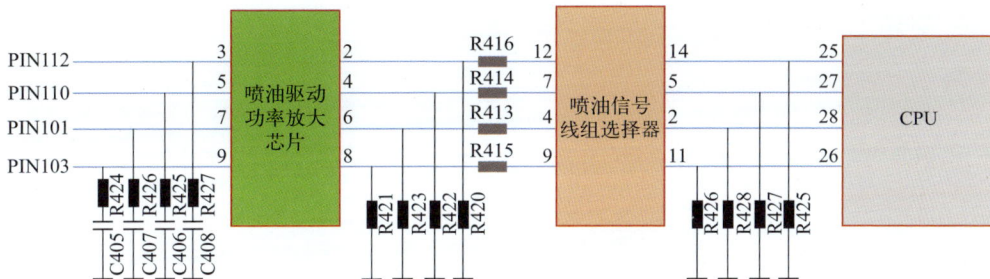

图6-2-1　喷油器控制芯片电路原理

6.2.2　燃油泵继电器驱动控制芯片

燃油泵继电器驱动控制芯片对 CPU 发出的控制指令进行放大处理，再将放大后的驱动信号输出到功率放大管或放大器，其电路原理如图 6-2-2 所示。

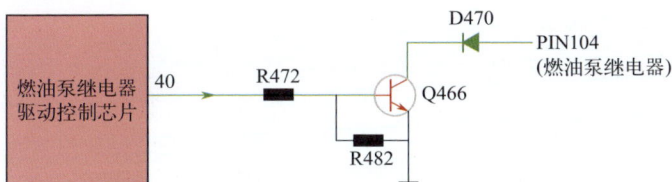

图6-2-2　燃油泵继电器驱动控制芯片电路原理

6.2.3　点火驱动控制芯片

该芯片即数字信号反相器芯片（74HC14A），其作用是对 ECU 引脚输入的电气开关信号进行反相处理，再将反相后的数字信号输入随机存储器。其电路原理如图 6-2-3 所示。

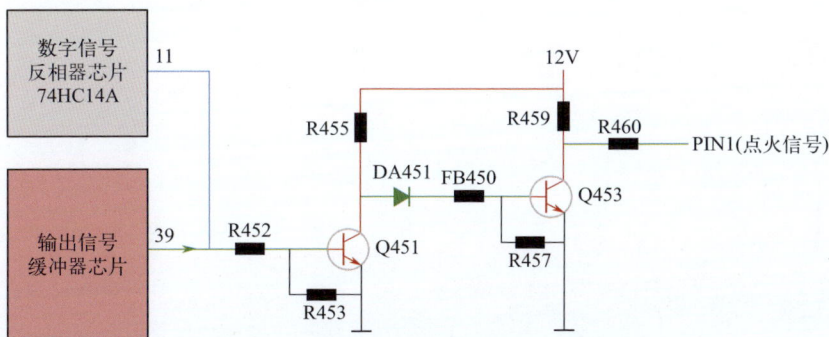

图6-2-3　点火驱动控制芯片电路原理

6.2.4 ECU 继电器关闭控制芯片

该芯片（74HC32A）是一个或门集成电路，其 11 号脚向三极管（Q456）输出 ECU 继电器控制信号，实现 ECU 供电端子的电源通断，如图 6-2-4 所示。

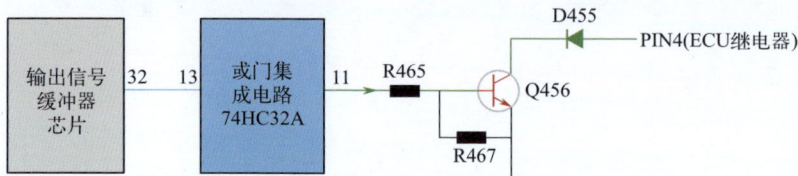

图6-2-4 ECU继电器关闭控制芯片电路原理

6.2.5 燃油泵继电器缓冲控制芯片

燃油泵继电器缓冲控制芯片对 CPU 发出的控制指令进行缓冲处理，再将缓冲信号输出到功率放大管或放大器。其电路原理如图 6-2-5 所示。

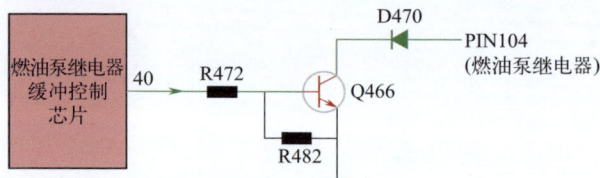

图6-2-5 燃油泵继电器缓冲控制芯片电路原理

第 7 章

汽车电脑板芯片级维修

7.1   常用维修工具

芯片级维修常用工具主要有万用表、示波器、电烙铁、热风拆焊台（图 7-1-1）、螺丝刀、钳子、镊子、吸锡器等。

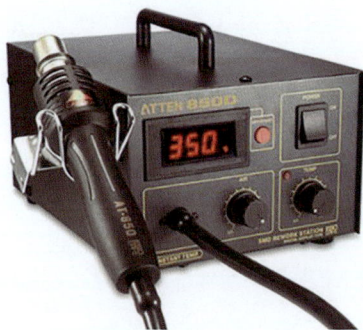

图7-1-1   热风拆焊台

7.2   汽车电脑板检查方法

7.2.1   直观检查法

直观检查法靠维修人员的视觉去观察电路、元器件等的工作状态，从中发现异常现象，直接找到故障的部位和原因。拿到 ECU 后的第一个步骤就是仔细观察，可以了解 ECU 的一些基本信息，比如 ECU 型号、应用车型、外部连接引脚情况。有些问题在不开盖的情况下就能看出来，比如 ECU 引脚因进水而腐蚀，同时查看的过程也可以对不同车型所装备的 ECU 有一个很直观的认识。大部分 ECU 的损坏从外观是看不出来的，这时候就需要开盖检查。由于比较严重的外部引线短路引起的故障多会引起 ECU 内部相关元件烧蚀，因此，这种故障一般是可以直接看到的。

直观检查法主要有以下两个特点。

❶ 简易、方便，能够直接发现故障部位。

❷ 收效低，因为许多故障从元件外表上是发现不了的。

直观检查法适用于各种故障的检查，尤其是对于一些硬性故障，如 ECU 内部引线腐蚀、元件冒烟等故障能立竿见影。但是很多时候直观检查法单独使用效果并不理想，而与其他方法配合使用往往会事半功倍。

7.2.2　接触检查法

接触检查法在检查过程中，要求 ECU 必须在工作的状态下进行，可以通过接触去寻找故障点。在对可疑元件接触的过程中，感知其温度，再与正常情况下进行比较，以判定其工作是否正常。

接触检查法主要有以下两个特点。

❶ 方便、简单、实用，针对性强，能够直接发现故障部位。

❷ 需要有丰富的接触检查经验，才能获得准确的检查结果。

接触检查法主要适用于发热元件（指一些在大电流工作场合下的器件），如电磁喷油器、各种电磁阀和电机的驱动元件、点火功率元件等。在检查的过程中要注意以下两点。

❶ 接触检查法要靠平时维修中积累的经验，也可通过与正常运行的系统相关元件进行比较。

❷ 接触检查中，ECU 处于工作状态，应避免手直接接触到元件的引脚部分，以免引起新的故障，扩大故障范围。同时，因 ECU 在车内的引线一般来说不是很长，而且多安置在一些较低的位置，检查过程中，ECU 要放置平稳，注意线路板或电子元件与其他部分（尤其是车身底盘金属）保持安全距离，以免线路搭铁，造成不可维修的故障。

7.2.3　故障再生检查法

故障再生检查法是指有意识地让故障重复发生，并力图使故障的发生、发展、转化过程变得比较缓慢，以便提供充足的观察机会、次数、时间和过程，在观察中发现影响故障的因素，从而查出故障原因。

对于汽车 ECU 来说，有些间歇性的故障是在一些特定的环境下出现的，因此，为了让故障再现，可以采取一些必要的措施。比如，有的故障是在频繁、剧烈的振动情况下出现的，这时就可以人为地模拟这种环境，拍打、敲击 ECU 壳体，拉动 ECU 连接处的线束插头；再如，有些故障是在高温情况下产生的，这时需要打开 ECU 的盖板，可以采用电吹风或热风枪对可疑部位进行加热，以求故障再现。这个过程同样要注意，温度不能调整得太高，风口与 ECU 电路板要保持一定的安全距离，一般为 20cm 左右，以免因为温度过高而使半导体元件损坏。

此方法主要适用于一些间歇性出现的问题，即 ECU 时好时坏，对于一直处于"坏"状态的则不起作用。

7.2.4 参照检查法

参照检查法是一种利用比较手段来寻找故障部位的检查方法。通常用一个工作正常的 ECU，测量其关键部位参数，包括电压、电阻等。运用移植、比较、借鉴、引申、参照等手段，查出不同之处，找出故障部位和原因。理论上讲，大部分故障都可以采用此方法检测出来，因为只要有标准物，将有故障的系统与之进行仔细对比，必能发现不同之处，找出故障原因。

若通过检查已经将故障缩小到某一个集成电路中，此时可按其型号查找其技术文档，了解其典型应用电路和各引脚功能。通常典型应用电路与实际应用电路是相同的或十分相近的，这样就可以用典型电路来指导维修。

7.2.5 替代检查法

替代检查法的基本思路是用一个质量可靠的元器件（或工作正常的电路）去替代一个所怀疑的元器件（或电路）。如果替代后工作正常，说明怀疑正确，故障可排除；如果替代后故障现象不变，也会消除原先的怀疑，可缩小故障范围。

替代检查法适用于各种故障，但在有选择的情况下采用，成功率会高得多。在运用替代检查法的过程中，要注意以下几点。

❶ 在个别情况下，一个故障是由两个元器件造成的（两个故障点），此时若只替代了其中一个元器件则无收效，反而认为被替代的元器件是正常的，容易放过故障点。

❷ 替代检查法通常是一种在小范围内用于针对某一个具体元器件的检查方法，所以它是在其他方法已基本证实某个元器件有问题后才采用，盲目地替换往往会对线路板、元器件造成伤害。

❸ 对于集成电路这样的多引脚元件，采用替代检查法更要慎重，通常是在有较明确的结论后才进行替代检查。同时，在替代操作过程中，焊接元器件时要在断电的情况下进行。

7.2.6 电压检查法

电压检查法主要是对 ECU 内关键点的电压进行实时测量，以找出故障部位。这些关键点主要是各集成电路的供应电源、线路中连接蓄电池的主电源、受点火开关控制的电源、内部经过集成稳压器或调整三极管输出的稳压电源。一般来讲，电路中的数字电路、微处理器等均工作在 5V 或更低的工作电压下，12V 的蓄电池电压是无法直接加到这些元器件的电源引脚上的，必须由稳压电路为其工作提供合适的工作电压。稳压电路在降低电压的同时可滤掉脉冲类干扰信号，以避免给数字电路的工作带来影响。

对于这些关键电路的供应电源，工作期间电压是固定不变的，但是最好的测量方法是在静态下（车辆开启钥匙开关但未启动），采用数字式万用表对 ECU 内的集成电路的供电进行检查。当相关电源电路工作失常时，往往会影响较大面积内的元器件，导致其不能工作。采用此种方法简便易行，除万用表外，不需要什么专用仪器。

7.2.7 电阻检查法

电阻检查法是指利用万用表的欧姆挡，通过检测线路的通与断、阻值的大与小，以及通过对元器件的检测，来判别故障原因和故障部位。此种方法主要用于元器件和铜箔线路的检测。

❶ 对于元器件的检测，除了常规的电阻、二极管、三极管等外，一些集成电路也可以采用此种方法进行检测。对于集成电路来讲，如引脚功能结构相同、外电路结构相似，那么正常情况下，其与搭铁电阻是十分接近的，因此可以使用数字式万用表对其进行正、反向（调换表笔方向）的测量，然后将测量值进行比较，找出故障点。

❷ 铜箔线路开裂、因腐蚀而造成的断路也是经常发生的故障。开裂的原因可能是受外力的影响而造成的，而 ECU 进水是造成铜箔腐蚀断路的主要

原因。很多车辆的 ECU/ECM/PCM 安装于驾驶室的地板下或侧面脚踏板的旁边，在一些特殊情况下，ECU/ECM/PCM 内很容易进水，如不及时处理，铜箔在水汽的作用下会逐渐腐蚀，直至故障完全出现。

7.2.8　示波器检查法

示波器检查法是指采用汽车专用或通用示波器，对 ECU 中关键点的波形进行测量，对 MCU 的相关引脚进行测量，得知其是否正常运行。

对于外围元器件也可以使用此种方法进行测量，比如一个点火线圈不工作，在排除 ECU 外部相关元器件及连接线路的可能性后，可以使用示波器直接测量点火线圈芯片的信号输入端。正常状态下，四个输入端的信号形状应该是相同的，所不同的是时间轴上的差异，这一点采用双踪示波器可以直观地观察到。通过对输入信号的测量，可知问题出在哪个元器件，是 MCU 还是点火线圈芯片，根据诊断结果进行下一步的维修。不仅如此，利用示波器还可以直接观察各种传感器的输入信号、经过电脑内部输入电路后送给 MCU 或 A/D 转换器的信号、MCU 的输出信号，以及各种驱动器的输入 / 输出信号等。因为它能真实地再现信号的形态，真正做到有的放矢。

7.2.9　信号注入检查法

信号注入检查法是指采用函数发生器（信号发生器）给电路输入信号，在输出端观察执行器的动作情况，或在输出端连接示波器或万用表，根据示波器指示的波形和万用表显示的信号电压大小来判断故障范围。采用该方法时一般应对电路的结构有比较深层次的了解，对相应的功能电路的输入和输出信号的正常波形要有所了解，这样在车辆不工作的状态下，人为地模拟相关的信号，才能对车辆相关电路进行故障判断。另外，该方法需要有专门的仪器设备，引线较多，操作麻烦，但对于解决一些疑难问题来说，是一种很好的方法。

7.3　汽车电脑板芯片的检测

（1）观察外观

仔细观察芯片的外观。如果芯片表面有明显的划痕、烧焦痕迹或者破损，表明这个芯片很可能已经损坏了。但是，这种方法只能作为初步判断，不能完全确定芯片的好坏。

（2）电压测试

使用万用表对芯片进行电压测试。需要找到芯片的各个引脚，然后将万用表调至合适的电压挡，分别测量各个引脚之间的电压。正常情况下，芯片的各个引脚之间的电压应该是稳定的。如果发现某个引脚之间的电压异常，表明这个芯片可能存在问题。

（3）信号测试

使用示波器对芯片进行信号测试。需要将示波器的探头连接到芯片的输入或输出引脚上，然后观察示波器上的波形。正常情况下，波形应该是稳定且有规律的。如果发现波形异常，表明这个芯片可能存在问题。

（4）功能测试

通过实际的功能测试来判断芯片的好坏。这需要根据芯片的具体应用来设计相应的测试方案。例如，如果要检测一个处理器芯片，可以尝试运行一些常见的程序，看是否能正常运行。如果程序无法正常运行，表明这个处理器芯片可能存在问题。

（5）温度测试

在运行过程中，可以用手触摸芯片的表面，感受其温度。如果芯片的温度过高，可能会导致芯片过热损坏。因此，在检测芯片时，还需要关注其工作温度。

（6）专业设备检测

对于一些复杂的芯片，需要使用专业的设备来进行检测。例如，可以使用逻辑分析仪来分析芯片的信号传输情况，或者使用故障定位仪来查找芯片内部的故障点。

7.4 汽车电脑板芯片的更换

7.4.1 拆卸汽车电脑板芯片

第一步：将脱焊剂涂在需更换的芯片针脚上（图 7-4-1）。

第二步：使用热风枪对需更换的汽车电脑板芯片针脚进行加热，直至芯片针脚上的焊点熔化（图 7-4-2）。

💡 注意：使用热风枪时应该调节好温度，热风枪温度一般应调至 400℃；切勿对其他电脑板芯片针脚进行加热，避免造成其他芯片脱焊。

图7-4-1　将脱焊剂涂在需更换的
　　　　　芯片针脚上

图7-4-2　对汽车电脑芯片
　　　　　针脚进行加热

第三步：待电脑板芯片针脚焊接脱开后，取下芯片（图7-4-3）。

第四步：使用电烙铁清洁汽车电脑板拆除芯片后的残余胶（图7-4-4）。

💡 **注意**：电烙铁温度调至 380 ～ 400℃。

图7-4-3　取下芯片

图7-4-4　清洁汽车电脑板拆除芯片后的残余胶

第五步：用电烙铁清洁后，再使用毛刷、清洁剂进行清洁（图7-4-5）。

第六步：确认已经清洁干净（图7-4-6）。

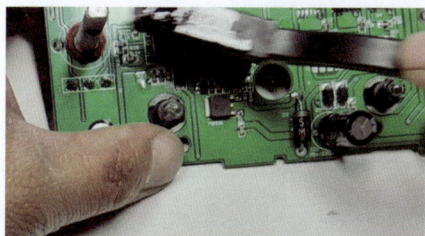

图7-4-5　使用毛刷、清洁剂进行清洁

图7-4-6　确认已经清洁干净

7.4.2 安装汽车电脑板芯片

第一步：将新的芯片安装到汽车电脑板上（图7-4-7）。

第二步：使用热风枪对芯片进行加热固定（图7-4-8）。

图7-4-7 将新的芯片安装到汽车电脑板上

图7-4-8 使用热风枪对芯片进行加热固定

第三步：检查芯片是否已经固定好，针脚安装位置必须对齐电脑板上的连接线（图7-4-9）。

图7-4-9 检查芯片是否已经固定好

第四步：使用焊锡丝和电烙铁对芯片进行加固（图7-4-10）。

图7-4-10 使用焊锡丝和电烙铁对芯片进行加固

💡 **注意**：电烙铁温度调至 400℃；切勿将两个芯片连接在一起。

第五步：使用毛刷、清洁剂对芯片及电脑板进行清洁（图 7-4-11）。

第六步：检查电脑板及芯片是否已经清洁干净（图 7-4-12）。

图7-4-11　使用毛刷、清洁剂对芯片及电脑板进行清洁

图7-4-12　检查电脑板及芯片是否已经清洁干净

第 8 章
汽车芯片常见故障诊断

8.1 汽车发动机芯片常见故障诊断

以玛瑞利发动机芯片为例。

8.1.1 逻辑电路检测

CPU 针脚如图 8-1-1 所示。逻辑电路检测如图 8-1-2 所示。

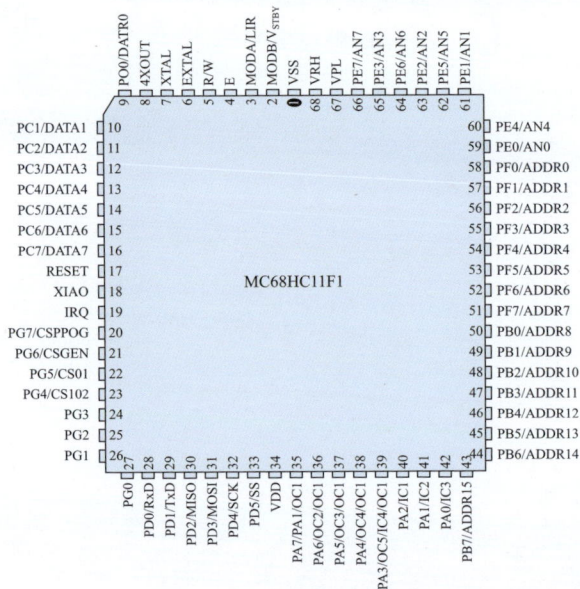

图8-1-1 CPU针脚

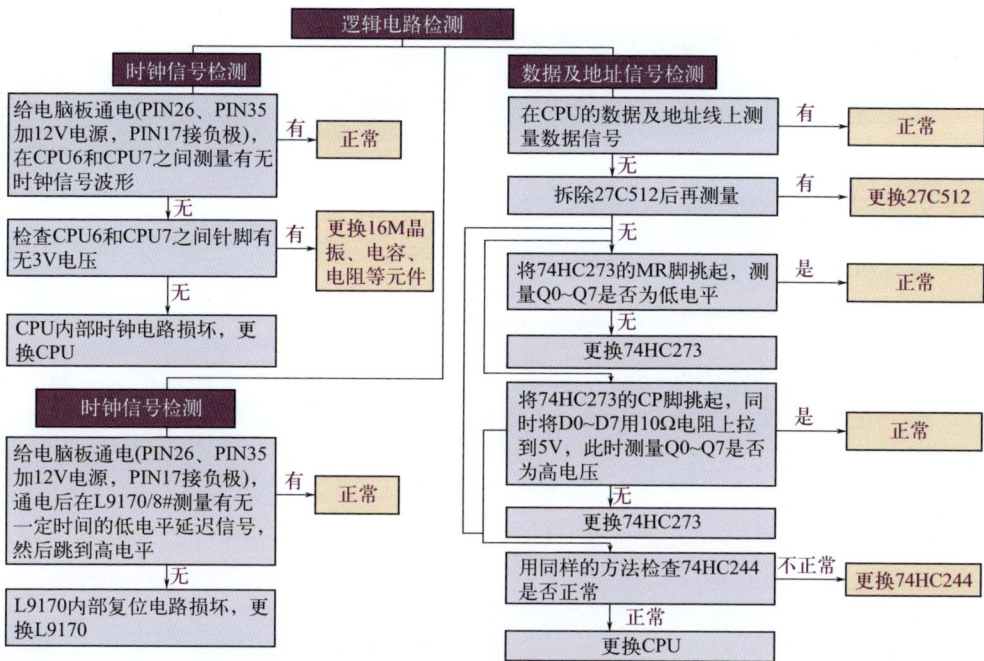

图8-1-2 逻辑电路检测

逻辑电路检测

时钟信号检测

给电脑板通电(PIN26、PIN35加12V电源，PIN17接负极)，在CPU6和CPU7之间测量有无时钟信号波形 —有→ **正常**

↓无

检查CPU6和CPU7之间针脚有无3V电压 —有→ **更换16M晶振、电容、电阻等元件**

↓无

CPU内部时钟电路损坏，更换CPU

时钟信号检测

给电脑板通电(PIN26、PIN35加12V电源，PIN17接负极)，通电后在L9170/8#测量有无一定时间的低电平延迟信号，然后跳到高电平 —有→ **正常**

↓无

L9170内部复位电路损坏，更换L9170

数据及地址信号检测

在CPU的数据及地址线上测量数据信号 —有→ **正常**

↓无

拆除27C512后再测量 —有→ **更换27C512**

↓无

将74HC273的MR脚挑起，测量Q0~Q7是否为低电平 —是→ **正常**

↓无

更换74HC273

将74HC273的CP脚挑起，同时将D0~D7用10Ω电阻上拉到5V，此时测量Q0~Q7是否为高电压 —是→ **正常**

↓无

更换74HC273

用同样的方法检查74HC244是否正常 —不正常→ **更换74HC244**

↓正常

更换CPU

图8-1-2 逻辑电路检测
L9170—电源芯片；74HC273—空调、主继电器等输出开关

8.1.2 喷油与怠速控制电路检修

喷油与怠速控制电路的检修方法与接线图如图 8-1-3 所示。

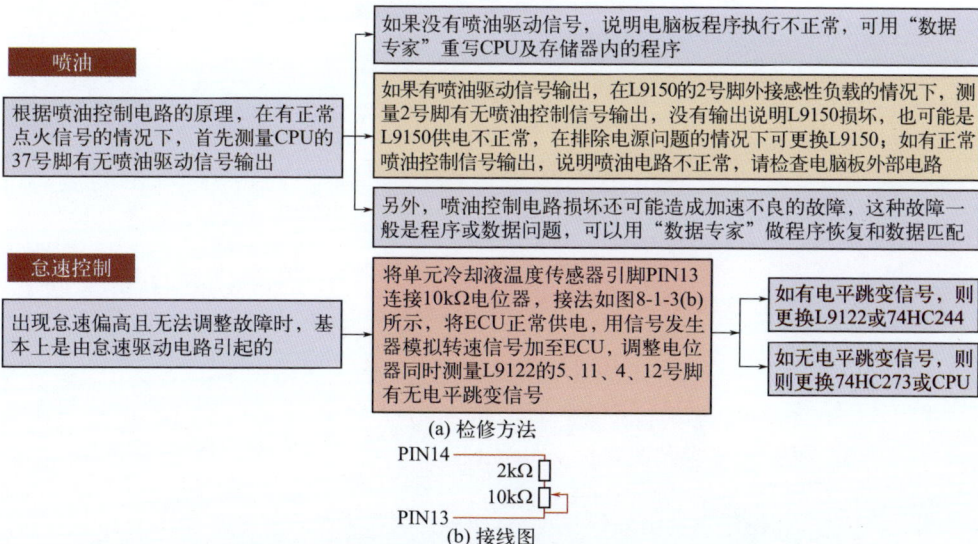

喷油

根据喷油控制电路的原理，在有正常点火信号的情况下，首先测量CPU的37号脚有无喷油驱动信号输出

- 如果没有喷油驱动信号，说明电脑板程序执行不正常，可用"数据专家"重写CPU及存储器内的程序
- 如果有喷油驱动信号输出，在L9150的2号脚外接感性负载的情况下，测量2号脚有无喷油控制信号输出，没有输出说明L9150损坏，也可能是L9150供电不正常，在排除电源问题的情况下可更换L9150；如有正常喷油控制信号输出，说明喷油电路不正常，请检查电脑板外部电路
- 另外，喷油控制电路损坏还可能造成加速不良的故障，这种故障一般是程序或数据问题，可以用"数据专家"做程序恢复和数据匹配

怠速控制

出现怠速偏高且无法调整故障时，基本上是由怠速驱动电路引起的

将单元冷却液温度传感器引脚PIN13连接10kΩ电位器，接法如图8-1-3(b)所示，将ECU正常供电，用信号发生器模拟转速信号加至ECU，调整电位器同时测量L9122的5、11、4、12号脚有无电平跳变信号

- 如有电平跳变信号，则更换L9122或74HC244
- 如无电平跳变信号，则则更换74HC273或CPU

(a) 检修方法

PIN14 —[2kΩ]—
—[10kΩ]—
PIN13 —

(b) 接线图

图8-1-3 喷油与怠速控制电路的检修方法与接线
L9150—喷油驱动芯片；L9122—怠速驱动芯片；74HC244—三态总线驱动芯片

（1）点火电路的检测条件

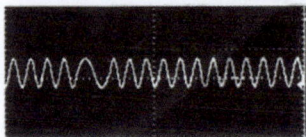

图8-1-4 转速模拟信号

首先给电脑板正常供电，引脚 PIN26 和 PIN35 加 +12V 电压，引脚 PIN17 接地，然后用示波器产生如图 8-1-4 所示的转速模拟信号，加到电脑板引脚 PIN11 和 PIN28（注意信号正接 PIN28，信号负接 PIN11）上。

（2）点火电路的检测流程

点火电路的检测流程如图 8-1-5 所示。

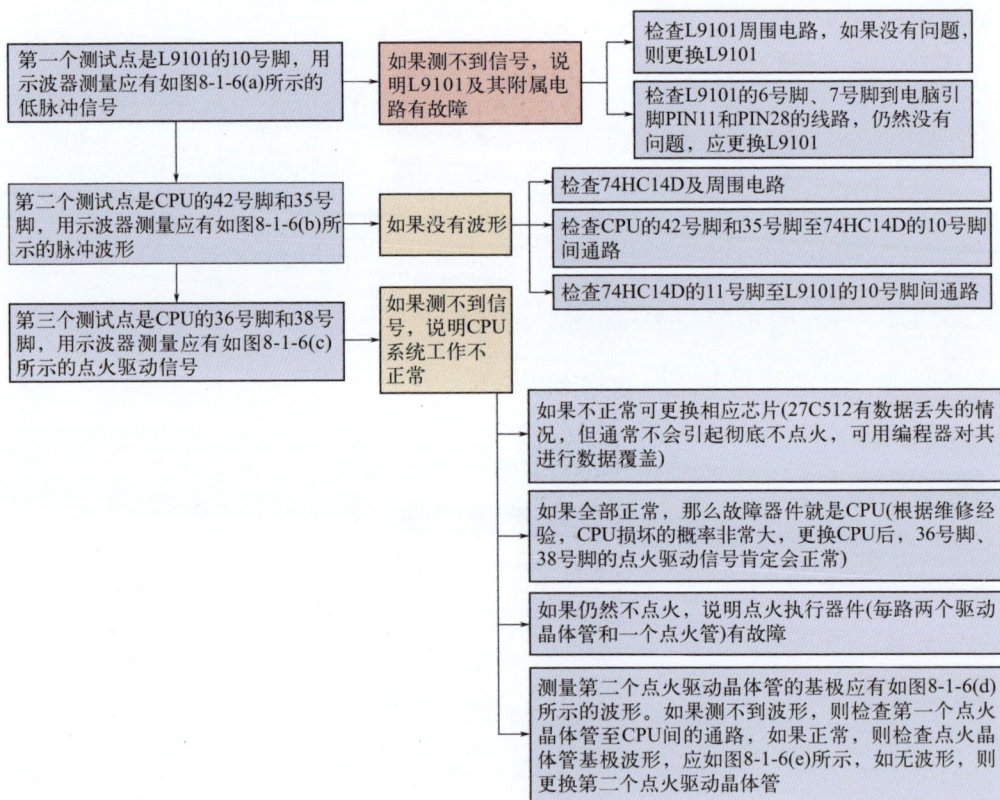

图8-1-5 点火电路的检测流程

L9101—发动机转速检测芯片；74HC14D—倒相器；27C512—只读存储器

（3）检测波形

检测波形如图 8-1-6 所示。

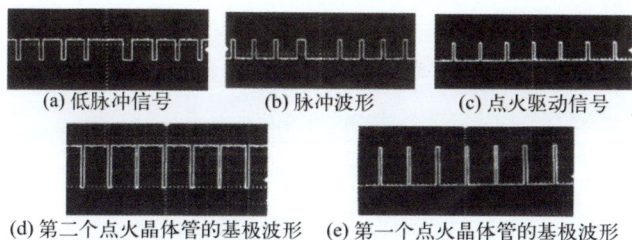

(a) 低脉冲信号　　　(b) 脉冲波形　　　(c) 点火驱动信号

(d) 第二个点火晶体管的基极波形　(e) 第一个点火晶体管的基极波形

图8-1-6　检测波形

8.1.4　诊断电路检查

诊断电路如图 8-1-7 所示。

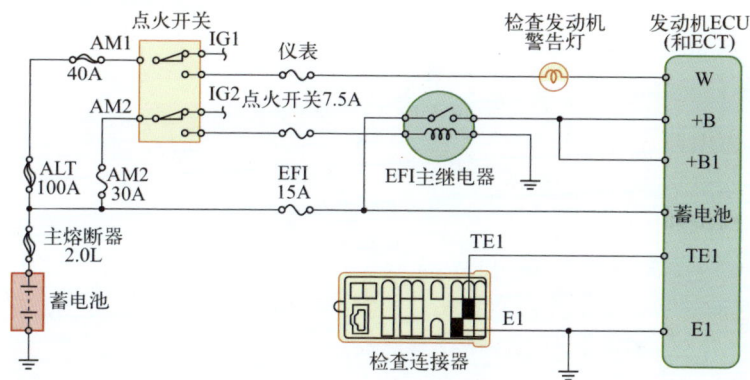

图8-1-7　诊断电路

诊断电路检查方法如下。

❶ 检查方法一（图 8-1-8）。

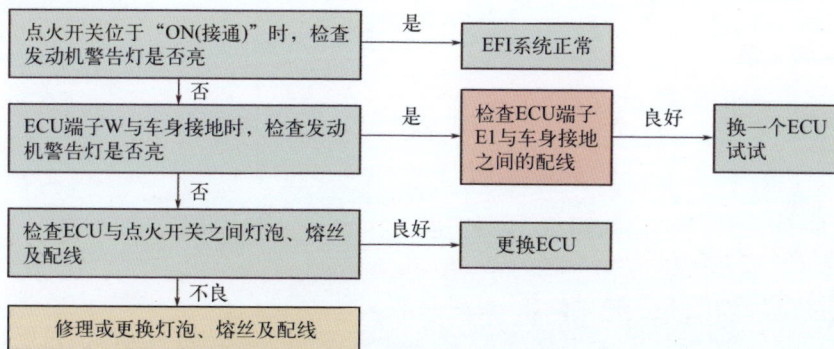

图8-1-8　诊断电路检查方法一

❷ 检查方法二（图 8-1-9）。

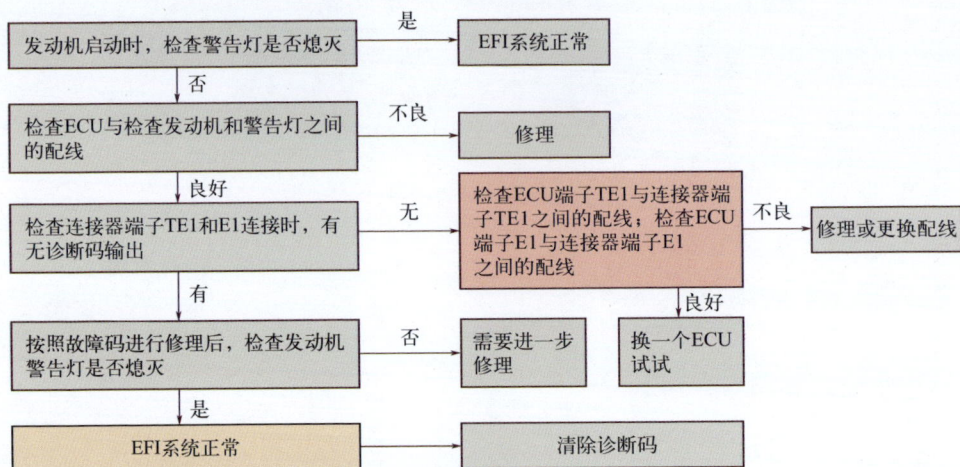

图8-1-9 诊断电路检查方法二

8.1.5 ECU 端电压检查

（1）ECU 端无主继电器电压

如图 8-1-10 所示。打开点火开关时，在 ECU 端子 +B 或 +B1 与 E1 之间没有电压，正常电压应为 10～14V。

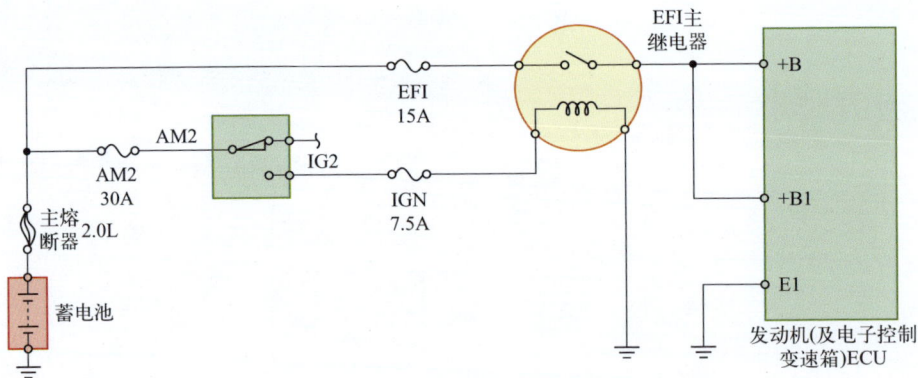

图8-1-10 ECU端无主继电器电压的检查电路

检查流程如图 8-1-11 所示。

（2）ECU 端无蓄电池电压

如图 8-1-12 所示。在 ECU 端子 BATT 与 E1 之间没有电压，正常电压应

图解汽车芯片技术

为 10 ～ 14V。

```
┌─────────────────────────────────────────────────────┐
│ 在ECU端子+B或+B1与E1之间没有电压(点火开关接通)          │
└─────────────────────────────────────────────────────┘
                          │
┌─────────────────────────────────────────────────────┐
│ 检查ECU端子+B或+B1与车身接地之间有无电压(点火开关接通)  │
└─────────────────────────────────────────────────────┘
         │无                    │有
         │          ┌──────────────────────────┐
         │          │     检查ECU端子E1          │
         │          └──────────────────────────┘
         │            │良好            │不良
         │      ┌──────────┐    ┌──────────┐
         │      │换一个ECU试试│   │修理或更换 │
         │      └──────────┘    └──────────┘
┌──────────────────────┐  不良  ┌──────────┐
│ 检查熔丝、熔断器和点火开关│ ─────→│修理或更换 │
└──────────────────────┘        └──────────┘
         │完好
┌──────────────────────┐  不良  ┌──────────┐
│    检查EFI主继电器      │ ─────→│   更换    │
└──────────────────────┘        └──────────┘
         │良好
┌──────────────────────┐  不良  ┌──────────┐
│检查EFI主继电器和蓄电池之间的配线│→│修理或更换 │
└──────────────────────┘        └──────────┘
```

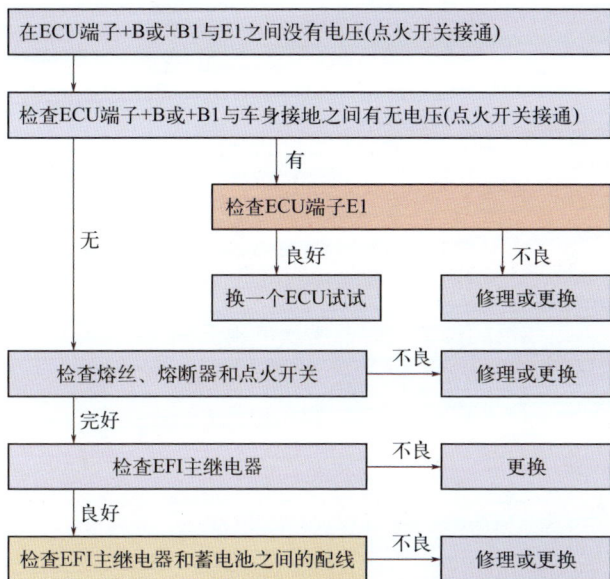

图8-1-11　ECU端无主继电器电压的检查流程

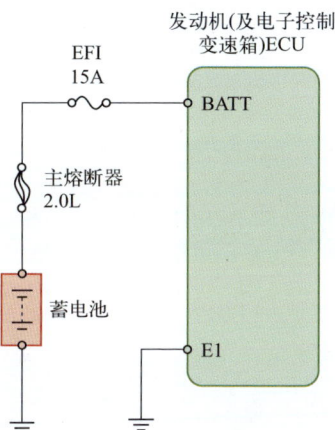

图8-1-12　ECU端无蓄电池电压的检查电路

检查流程如图 8-1-13 所示。

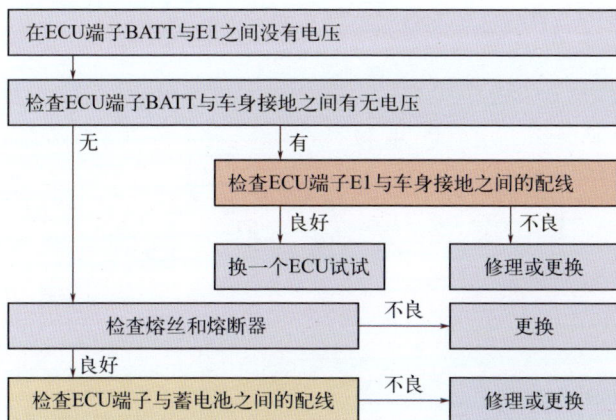

```
┌─────────────────────────────────────────┐
│ 在ECU端子BATT与E1之间没有电压               │
└─────────────────────────────────────────┘
                    │
┌─────────────────────────────────────────┐
│ 检查ECU端子BATT与车身接地之间有无电压        │
└─────────────────────────────────────────┘
     │无                      │有
     │            ┌──────────────────────────┐
     │            │检查ECU端子E1与车身接地之间的配线│
     │            └──────────────────────────┘
     │              │良好              │不良
     │        ┌──────────┐      ┌──────────┐
     │        │换一个ECU试试│     │修理或更换 │
     │        └──────────┘      └──────────┘
┌──────────────┐  不良  ┌──────────┐
│  检查熔丝和熔断器│ ─────→│   更换    │
└──────────────┘        └──────────┘
     │良好
┌──────────────────────┐  不良  ┌──────────┐
│ 检查ECU端子与蓄电池之间的配线│ ──→│修理或更换 │
└──────────────────────┘        └──────────┘
```

图8-1-13　ECU端无蓄电池电压的检查流程

（3）ECU 端无节气门位置传感器电压

电路图如图 8-1-14 所示。检查条件见表 8-1-1。

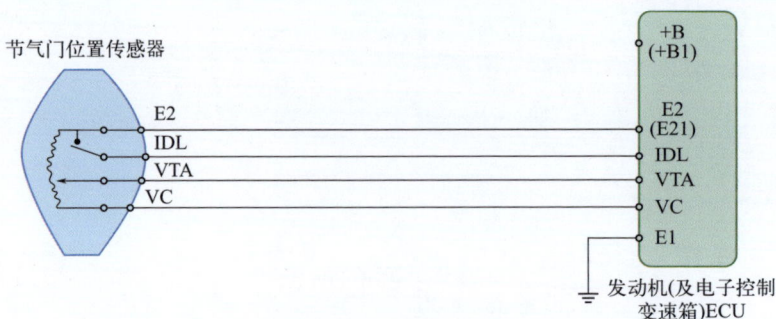

图8-1-14　ECU端无节气门位置传感器电压的检查电路

表 8-1-1　ECU 端无节气门位置传感器电压的检查条件

端子	故障	条件		标准电压 /V
IDL-E2	没有电压	点火开关接通	节气门打开	8 ～ 14
VC-E2			—	4.5 ～ 5.5
VTA-E2			节气门完全关闭（须先取消节气门强制开启装置）	0.8 ～ 1.2
			节气门完全打开	3.2 ～ 4.2

检查流程如下。

❶ 检查 IDL-E2（图 8-1-15）。

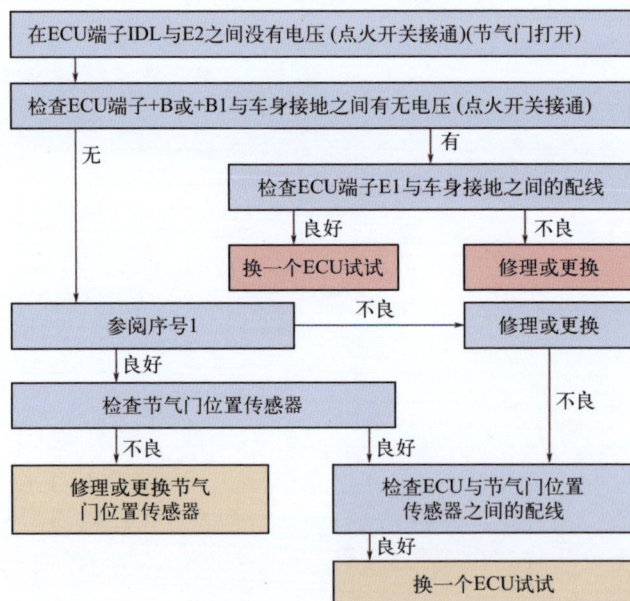

图8-1-15　检查IDL-E2

❷ 检查 VC-E2（图 8-1-16）。

❸ 检查 VTA-E2（图 8-1-17）。

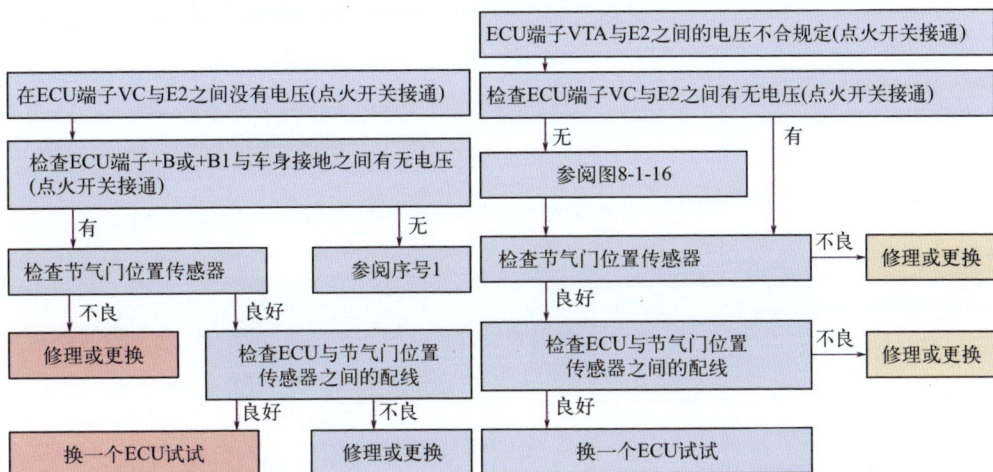

图8-1-16　检查VC-E2

图8-1-17　检查VTA-E2

（4）ECU 端无歧管压力传感器电压

电路图如图 8-1-18 所示。检查条件见表 8-1-2。

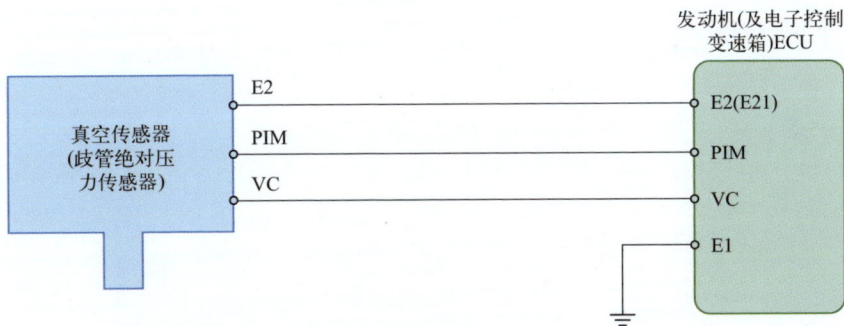

图8-1-18　ECU端无歧管压力传感器电压的检查电路

表 8-1-2　ECU 端无歧管压力传感器电压的检查条件

端子	故障	条件	标准电压 /V
PIM-E2	没有电压	点火开关接通	3.3 ～ 3.9
VC-E2			4.5 ～ 5.5

检查流程如图 8-1-19 所示。

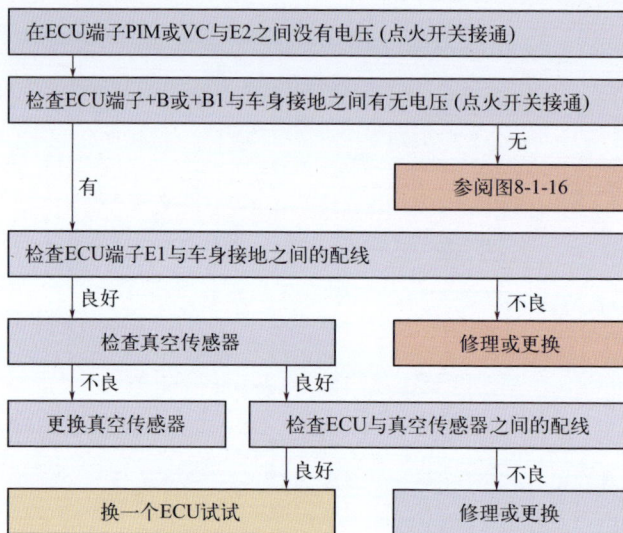

图8-1-19　ECU端无歧管压力传感器电压的检查流程

（5）ECU 端无进气温度传感器电压

电路图如图 8-1-20 所示。检查条件见表 8-1-3。

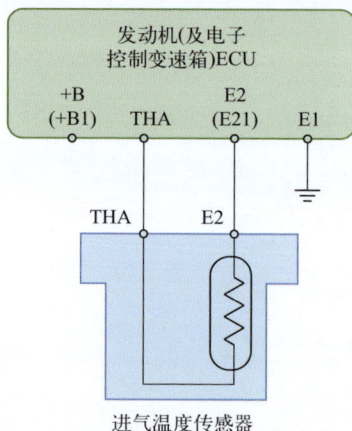

图8-1-20　ECU端无进气温度传感器电压的检查电路

表 8-1-3　ECU 端无进气温度传感器电压的检查条件

端子	故障	条件		标准电压 /V
THA-E2	没有电压	点火开关接通	进气温度为 20℃	1.7 ～ 3.1

检查流程如图 8-1-21 所示。

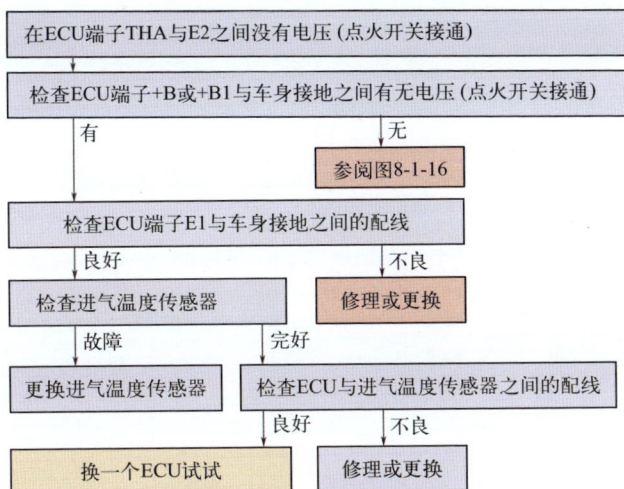

图8-1-21　ECU端无进气温度传感器电压的检查流程

（6）ECU 端无喷油器电压

电路图如图 8-1-22 所示。检查条件见表 8-1-4。

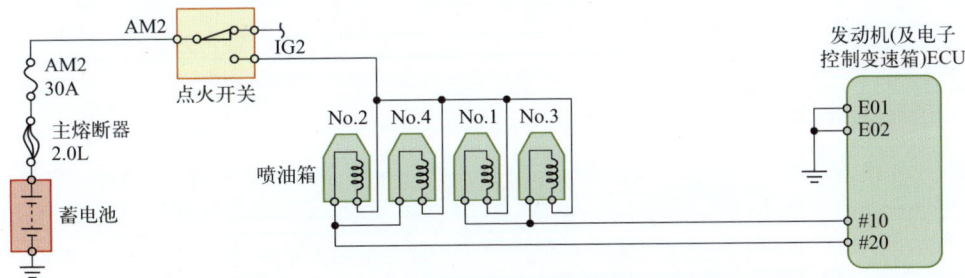

图8-1-22　ECU端无喷油器电压的检查电路

表 8-1-4　ECU 端无喷油器电压的检查条件

端子	故障	条件	标准电压 /V
#10-E01	没有电压	点火开关接通	10 ～ 14
#20-E02			

检查流程如图 8-1-23 所示。

（7）ECU 端无水温传感器电压

电路图如图 8-1-24 所示。检查条件见表 8-1-5。

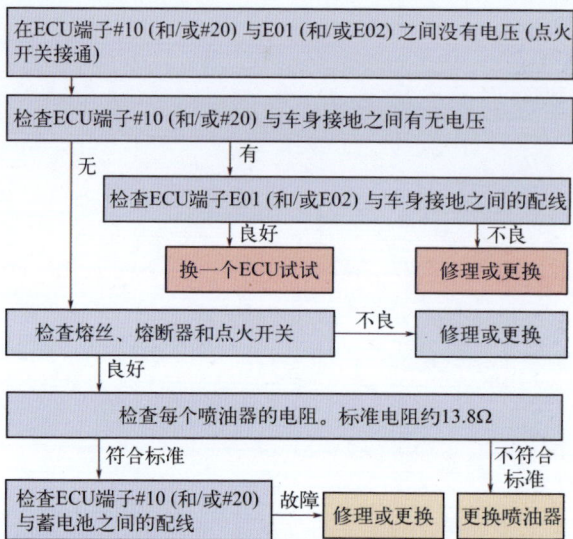

图8-1-23 ECU端无喷油器电压的检查流程

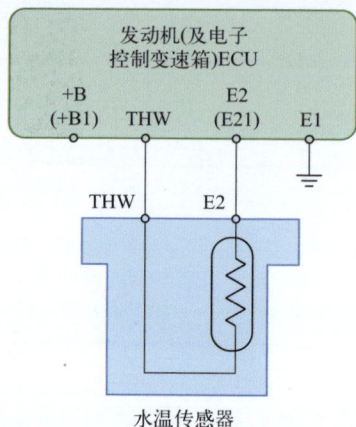

图8-1-24 ECU端无水温传感器电压的检查电路

表 8-1-5 ECU 端无水温传感器电压的检查条件

端子	故障	条件		标准电压 /V
THW-E2	没有电压	点火开关接通	冷却液温度为 80℃	0.3 ～ 0.8

检查流程如图 8-1-25 所示。

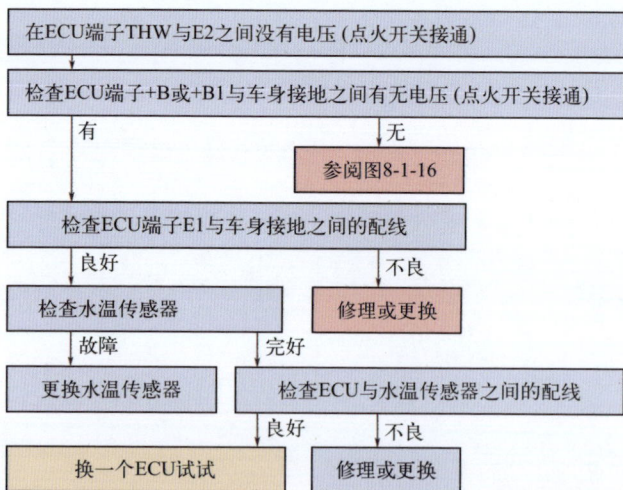

图8-1-25 ECU端无水温传感器电压的检查流程

（8）ECU 端无起动机 STA 电压

电路图如图 8-1-26 所示。检查条件见表 8-1-6。

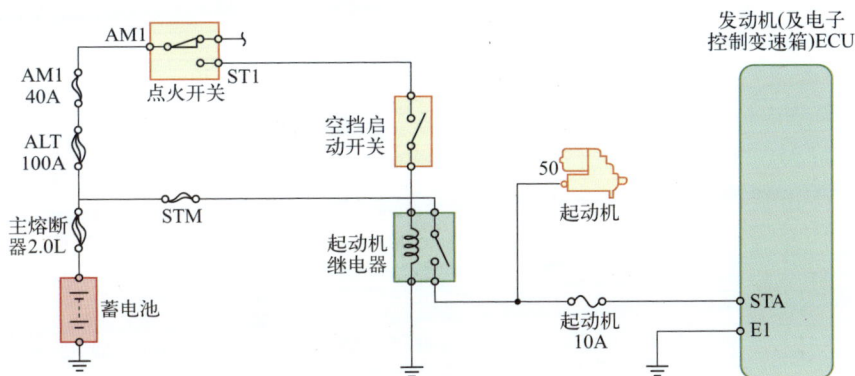

图8-1-26　ECU端无起动机STA电压的检查电路

表 8-1-6　ECU 端无起动机 STA 电压的检查条件

端子	故障	条件	标准电压 /V
STA-E1	没有电压	盘转	6 ～ 14

检查流程如图 8-1-27 所示。

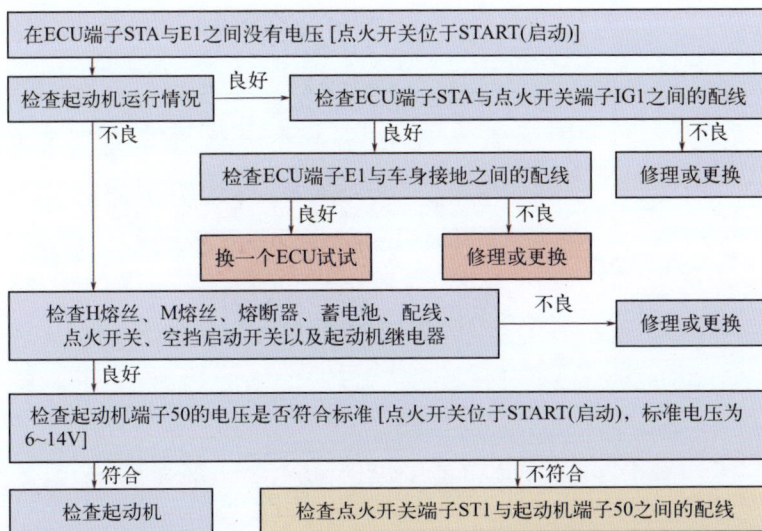

图8-1-27　ECU端无起动机STA电压的检查流程

（9）ECU 端无发动机警告灯电压

电路图如图 8-1-28 所示。检查条件见表 8-1-7。

发动机(及电子控制变速箱)ECU

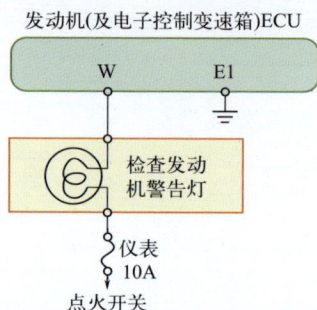

图8-1-28　ECU端无发动机警告灯电压的检查电路

表 8-1-7　ECU 端无发动机警告灯电压的检查条件

端子	故障	条件	标准电压 /V
W-E1	没有电压	无故障（检查发动机警告灯熄灭），发动机运转	10 ～ 14

检查流程如图 8-1-29 所示。

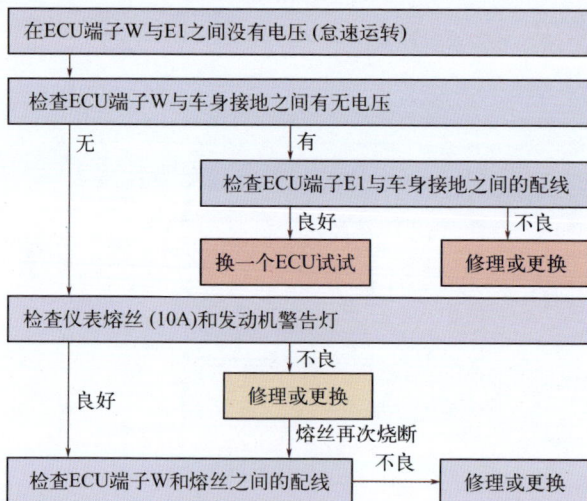

图8-1-29　ECU端无发动机警告灯电压的检查流程

（10）ECU 端无怠速控制阀电压

电路图如图 8-1-30 所示。检查条件见表 8-1-8。

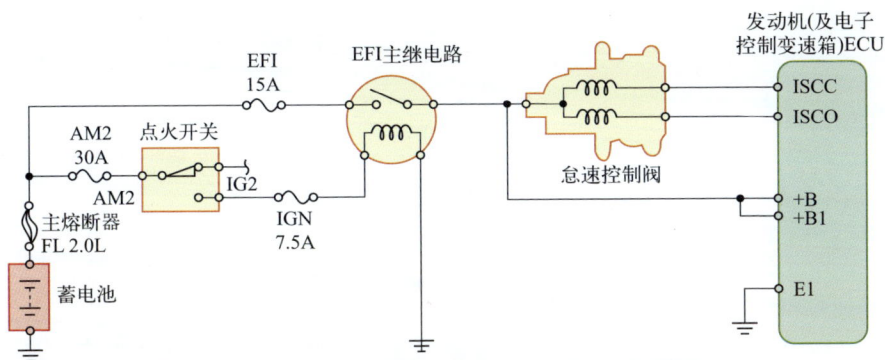

图8-1-30　ECU端无怠速控制阀电压的检查电路

表 8-1-8　ECU 端无怠速控制阀电压的检查条件

端子	故障	条件	标准电压 /V
ISCC-E1	没有电压	点火开关接通	10 ～ 14
ISCO-E1			

检查流程如图 8-1-31 所示。

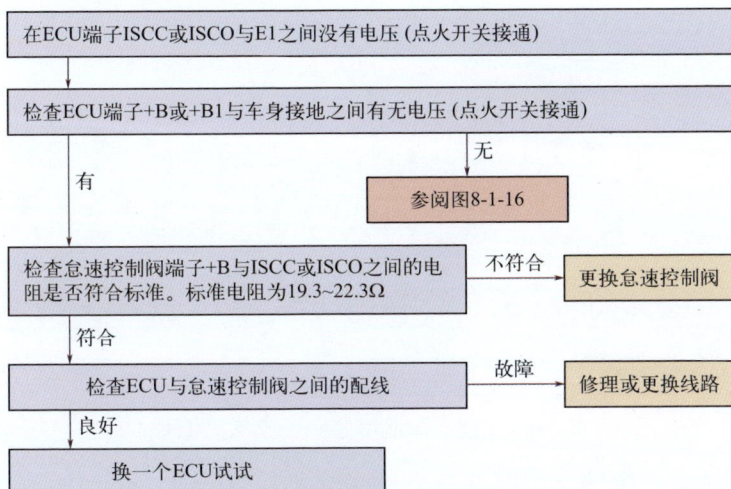

图8-1-31　ECU端无怠速控制阀电压的检查流程

8.2　汽车变速器芯片常见故障诊断

以丰田汽车电路为例，其电路图如图 8-2-1 所示。

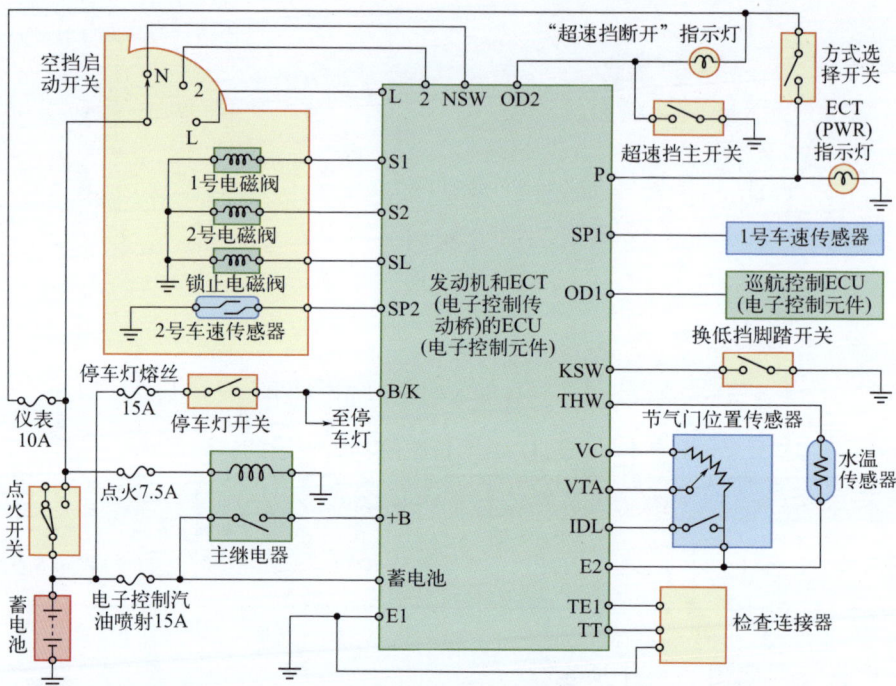

图8-2-1 丰田汽车电路

8.2.1 传感器电路检查

（1）1号车速传感器电路检查流程（图 8-2-2）

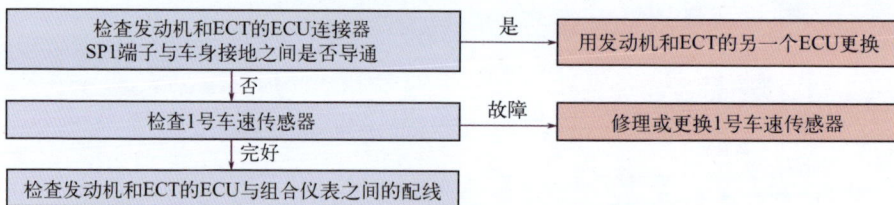

图8-2-2 1号车速传感器电路检查流程

（2）2号车速传感器电路检查流程（图 8-2-3）

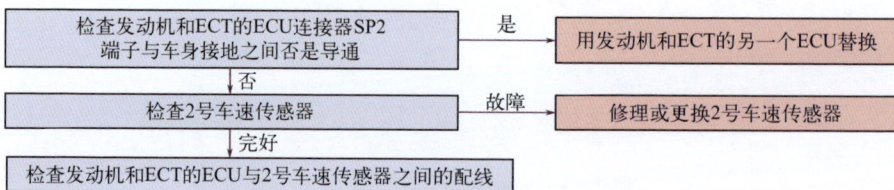

图8-2-3 2号车速传感器电路检查流程

图解汽车芯片技术

8.2.2 电磁阀电路检查

（1）1号电磁阀电路检查流程（图 8-2-4）

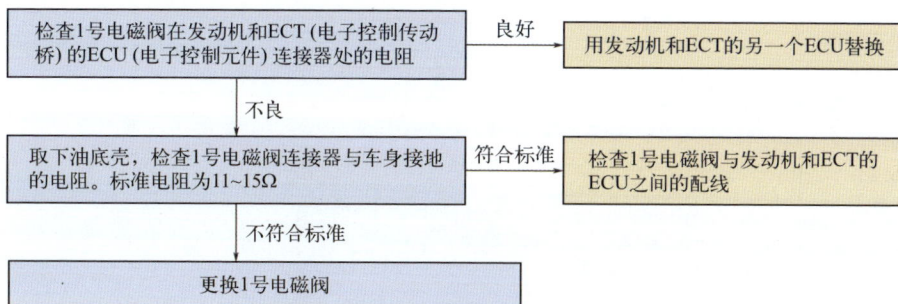

```
检查1号电磁阀在发动机和ECT(电子控制传动     良好     用发动机和ECT的另一个ECU替换
桥)的ECU(电子控制元件)连接器处的电阻

    │不良
    ▼
取下油底壳，检查1号电磁阀连接器与车身接地   符合标准   检查1号电磁阀与发动机和ECT的
的电阻。标准电阻为11~15Ω                          ECU之间的配线

    │不符合标准
    ▼
更换1号电磁阀
```

图8-2-4　1号电磁阀电路检查流程

（2）2号电磁阀电路检查流程（图 8-2-5）

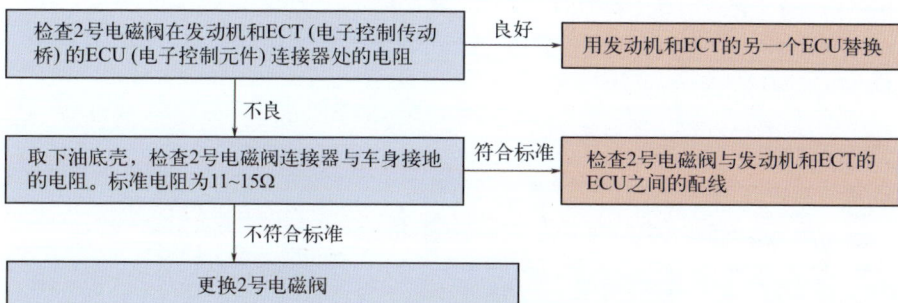

```
检查2号电磁阀在发动机和ECT(电子控制传动     良好     用发动机和ECT的另一个ECU替换
桥)的ECU(电子控制元件)连接器处的电阻

    │不良
    ▼
取下油底壳，检查2号电磁阀连接器与车身接地   符合标准   检查2号电磁阀与发动机和ECT的
的电阻。标准电阻为11~15Ω                          ECU之间的配线

    │不符合标准
    ▼
更换2号电磁阀
```

图8-2-5　2号电磁阀电路检查流程

（3）锁止电磁阀电路检查流程（图 8-2-6）

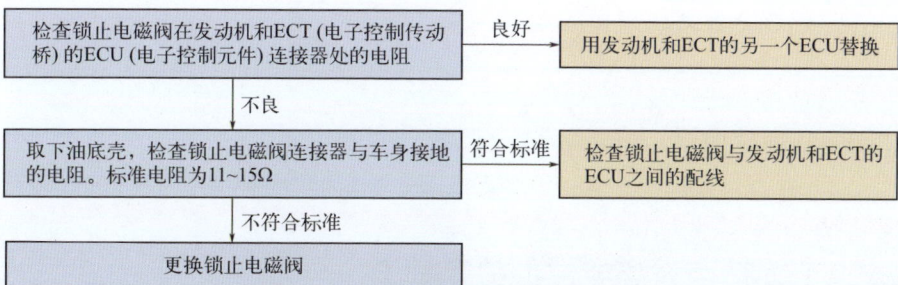

```
检查锁止电磁阀在发动机和ECT(电子控制传动    良好     用发动机和ECT的另一个ECU替换
桥)的ECU(电子控制元件)连接器处的电阻

    │不良
    ▼
取下油底壳，检查锁止电磁阀连接器与车身接地  符合标准   检查锁止电磁阀与发动机和ECT的
的电阻。标准电阻为11~15Ω                          ECU之间的配线

    │不符合标准
    ▼
更换锁止电磁阀
```

图8-2-6　锁止电磁阀电路检查流程

8.2.3 不能换挡故障检查

不能换挡故障检查流程如图 8-2-7 所示。

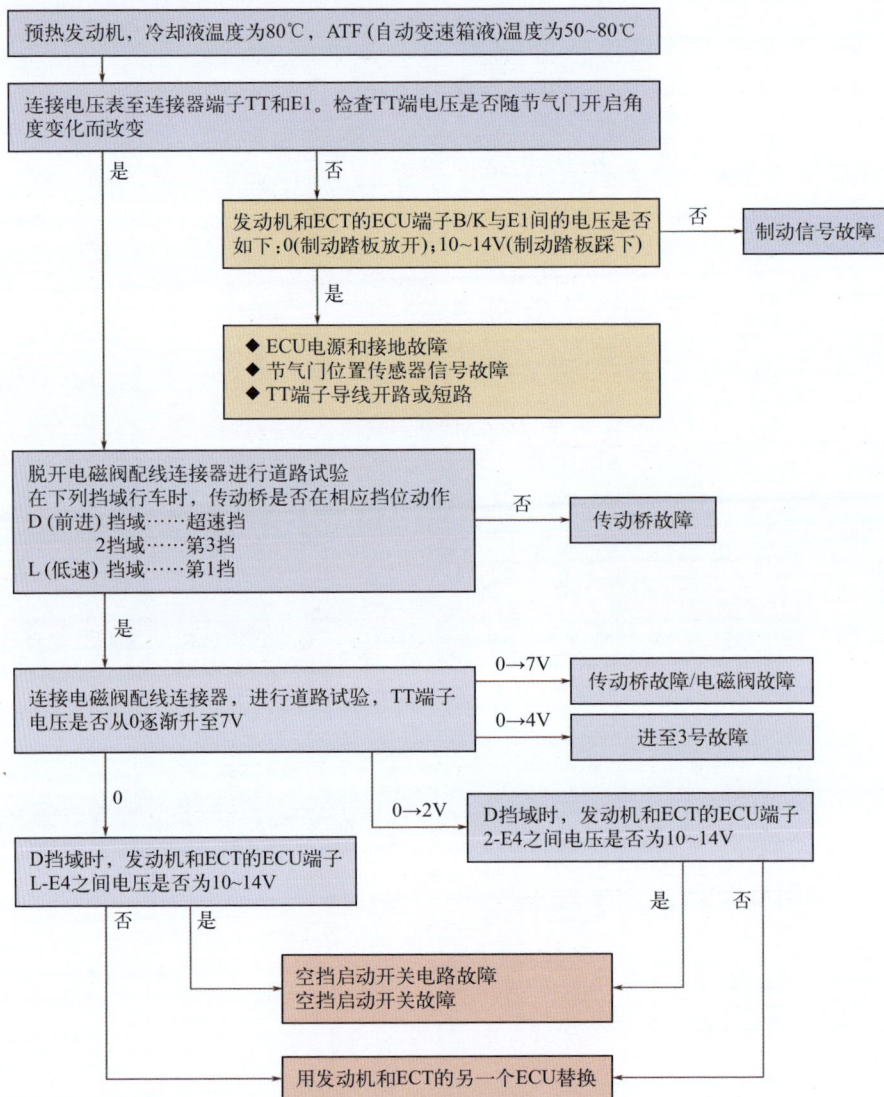

预热发动机，冷却液温度为80℃，ATF（自动变速箱液）温度为50~80℃

连接电压表至连接器端子TT和E1。检查TT端电压是否随节气门开启角度变化而改变

　　　　是　　　　　　否

发动机和ECT的ECU端子B/K与E1间的电压是否如下：0(制动踏板放开)；10~14V(制动踏板踩下)　　　否 → 制动信号故障

　　　　是

◆ ECU电源和接地故障
◆ 节气门位置传感器信号故障
◆ TT端子导线开路或短路

脱开电磁阀配线连接器进行道路试验
在下列挡域行车时，传动桥是否在相应挡位动作
D（前进）挡域……超速挡
　　2挡域……第3挡
L（低速）挡域……第1挡　　　否 → 传动桥故障

　　　　是

连接电磁阀配线连接器，进行道路试验，TT端子电压是否从0逐渐升至7V

0→7V → 传动桥故障/电磁阀故障
0→4V → 进至3号故障

0→2V → D挡域时，发动机和ECT的ECU端子2-E4之间电压是否为10~14V
　　　　　　是　　　否

0 → D挡域时，发动机和ECT的ECU端子L-E4之间电压是否为10~14V
　否　　是

空挡启动开关电路故障
空挡启动开关故障

用发动机和ECT的另一个ECU替换

图8-2-7　不能换挡故障检查流程

8.2.4 换挡点过高或过低故障检查

换挡点过高或过低故障检查流程如图 8-2-8 所示。

预热发动机
冷却液温度为80℃，ATF(自动变速箱液)温度为50~80℃

连接电压表至检查连接器端子TT和E4，TT端子电压是否随节气门
开度变化而改变

是 | 否

发动机和ECT的ECU端子B/K和E4间电压是否如下：
0(制动踏板放开)；10~14V(制动踏板踩下) —否→ 制动信号故障

是

◆ ECU电源和接地故障
◆ 节气门位置信号故障
◆ TT端子导线开路或短路

检查发动机和ECT的ECU的端子PWR和E1之间电压
PWR方式：10~14V
正常方式：1V

是→ ◆ 发动机和ECT的ECU故障
◆ 传动桥故障

否→ 方式选择开关装置故障

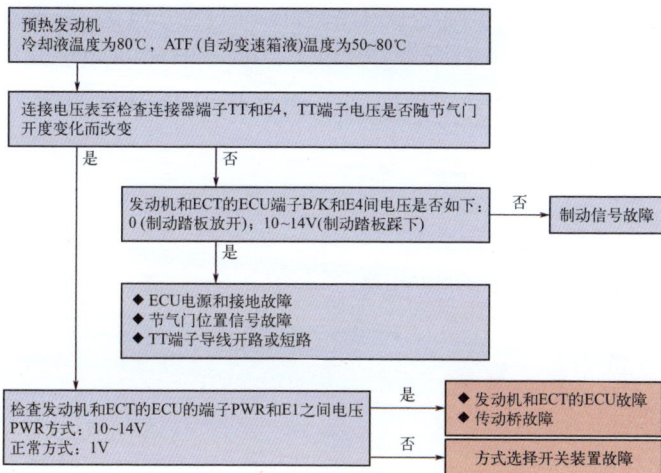

图8-2-8　换挡点过高或过低故障检查流程

8.2.5　不能转换高挡至超速挡故障检查

不能转换高挡至超速挡故障检查流程如图 8-2-9 所示。

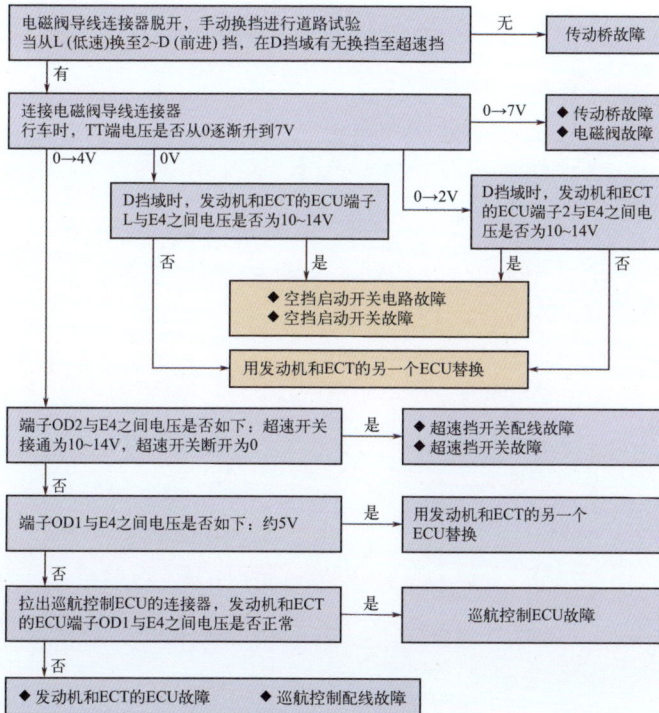

电磁阀导线连接器脱开，手动换挡进行道路试验
当从L(低速)换至2~D(前进)挡，在D挡域有无换挡至超速挡 —无→ 传动桥故障

有

连接电磁阀导线连接器
行车时，TT端子电压是否从0逐渐升到7V

0→7V→ ◆ 传动桥故障
◆ 电磁阀故障

0→4V | 0V | 0→2V

D挡域时，发动机和ECT的ECU端子
L与E4之间电压是否为10~14V

D挡域时，发动机和ECT
的ECU端子2与E4之间电
压是否为10~14V

否 | 是 | 是 | 否

◆ 空挡启动开关电路故障
◆ 空挡启动开关故障

用发动机和ECT的另一个ECU替换

端子OD2与E4之间电压是否如下：超速开关
接通为10~14V，超速开关断开为0

是→ ◆ 超速挡开关配线故障
◆ 超速挡开关故障

否

端子OD1与E4之间电压是否如下：约5V

是→ 用发动机和ECT的另一个
ECU替换

否

拉出巡航控制ECU的连接器，发动机和ECT
的ECU端子OD1与E4之间电压是否正常

是→ 巡航控制ECU故障

否

◆ 发动机和ECT的ECU故障　　◆ 巡航控制配线故障

图8-2-9　不能转换高挡至超速挡故障检查流程

8.2.6 不能锁止故障检查

不能锁止故障检查流程如图 8-2-10 所示。

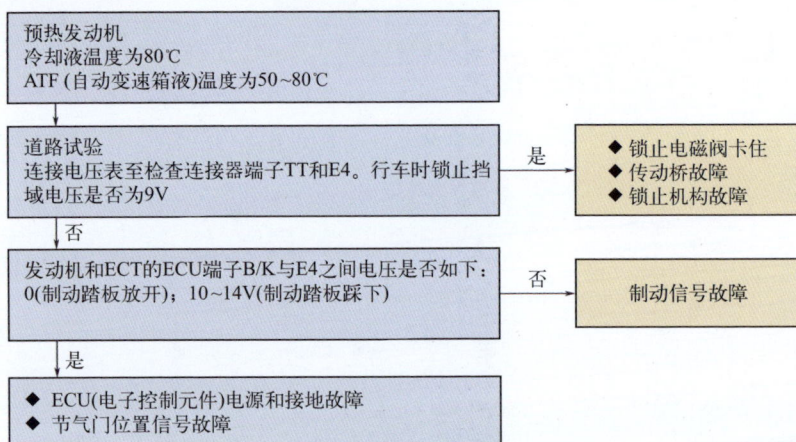

图8-2-10 不能锁止故障检查流程

8.3 汽车车身芯片常见故障诊断

8.3.1 巡航执行器电机电路检查

如图 8-3-1 所示，来自 ECU 的信号控制巡航执行器电机的工作，根据负载比的变化传送加速和减速信号。

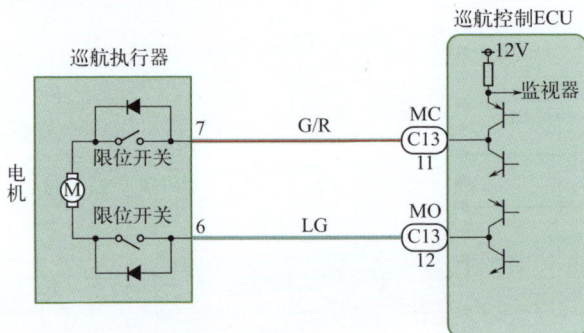

图8-3-1 巡航执行器电机电路

检查程序如下。

（1）检查巡航执行器电机

❶ 将正极引线连接至巡航执行器连接器的端子 5，负极引线连接至端子 4（电磁离合器接通），如图 8-3-2 所示。

💡 **注意**：勿将高压电缆接错蓄电池端子，否则会损坏巡航控制执行器。

❷ 当蓄电池电压施加至执行器连接器每个端子时，检查控制板应随即平稳移动。检测端子见表 8-3-1。

表 8-3-1　检测端子

移动方向	端子			
	正极	负极	6	7
加速端	○	○	○	○
减速端	○	○	○	○

❸ 在电机转动并且控制板移至完全关闭或完全张开位置时，检查限位开关，应使电机停转（图 8-3-3）。

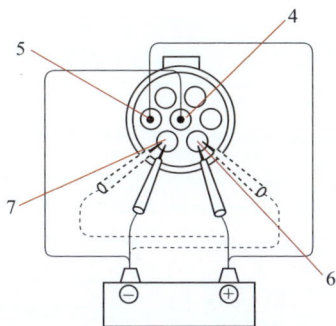

图8-3-2　连接引线

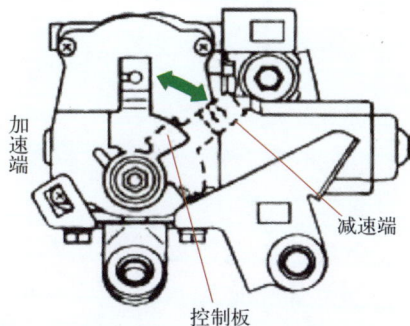

图8-3-3　检查限位开关

如果不正常，则更换执行器总成；如果正常，则检查巡航控制 ECU 和执行器电机之间的配线及连接器。

（2）检查巡航控制 ECU 和执行器电机之间的配线及连接器

如果不正常，则修理或更换配线或连接器；如果正常，则检查结束。

8.3.2 巡航执行器电磁离合器电路检查

如图 8-3-4 所示，该电路工作时，根据来自 ECU 的信号，接通执行器内部的电磁离合器。如执行器、车速传感器等在巡航控制电路工作时发生故障，电机和控制板之间的转子轴便会松开。踩下制动踏板时，制动灯开关接通，向制动灯供电，电磁离合器的电源由机械方法切断，电磁离合器被关断。

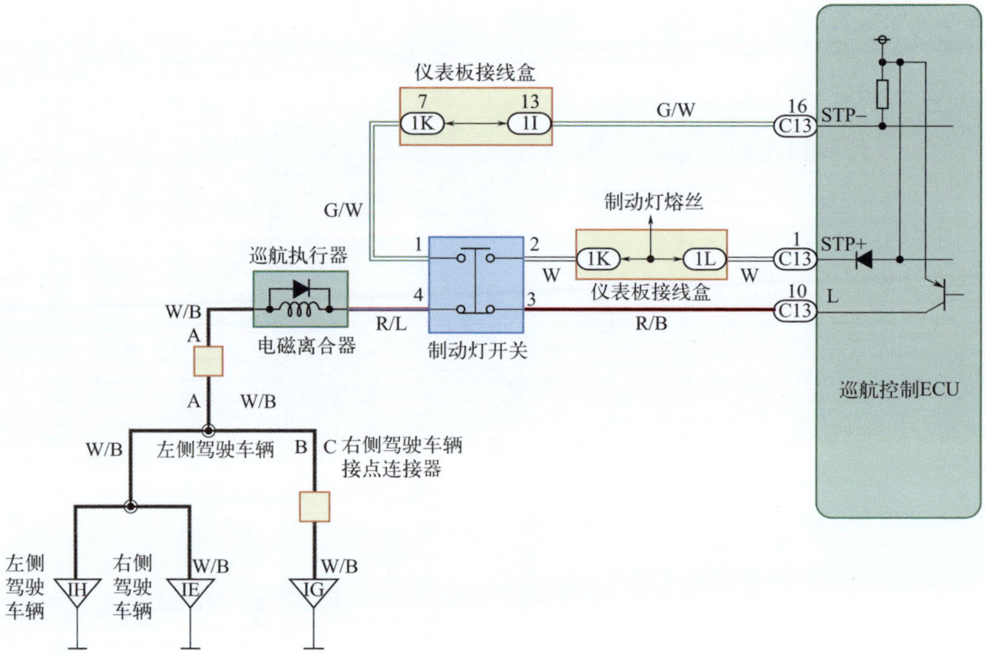

图8-3-4 巡航执行器电磁离合器电路

在下坡路段行驶时，如果车速超过设定车速 15km/h，ECU 便会关断电磁离合器。如车速稍后降至设定车速 10km/h 以内，设定速度巡航控制便会恢复。

检查流程如下。

（1）检查巡航执行器电磁离合器（图 8-3-5）

❶ 用手移动控制板。正常状态：控制板能够移动（电磁离合器断开）。

❷ 将正极引线连接至巡航执行器连接器端子 5，负极引线连接至端子 4。

❸ 再用手移动控制板。

注意：不要将高压电缆接错蓄电池端子，否则会损坏巡航执行器。正常状态：控制板不移动（电磁离合器接通）。

如果不正常，则更换执行器总成；如果正常，则检查制动灯开关。

（2）检查制动灯开关（图8-3-6）

检查各端子间是否导通（表8-3-2）。

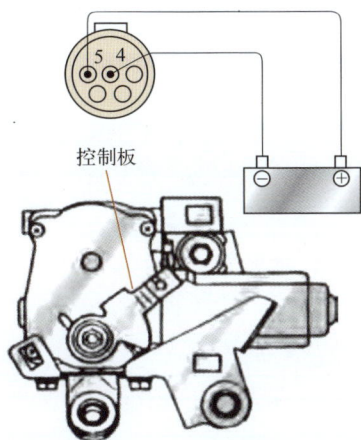

图8-3-5　检查巡航执行器电磁离合器　　　图8-3-6　检查制动灯开关

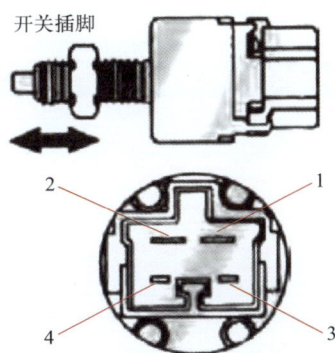

表8-3-2　检查各端子

开关位置	端子			
	1	**2**	**3**	**4**
开关插脚未推入（踩下制动踏板）	○————	————○		
开关插脚推入（松开制动踏板）			○————	————○

如果不正常，则更换制动灯开关；如果正常，则检查ECU与制动灯开关之间、制动灯开关与电磁离合器之间、电磁离合器与车身接地之间的配线和连接器是否开路或短路。

（3）检查开路或短路

检查ECU与制动灯开关之间、制动灯开关与电磁离合器之间、电磁离合器与车身接地之间的配线和连接器是否开路或短路。

如果不正常，则修理或更换配线或连接器；如果正常，则检查结束。

如图 8-3-7 所示，该电路用于检测执行器控制板的转动位置，将信号传送至 ECU。

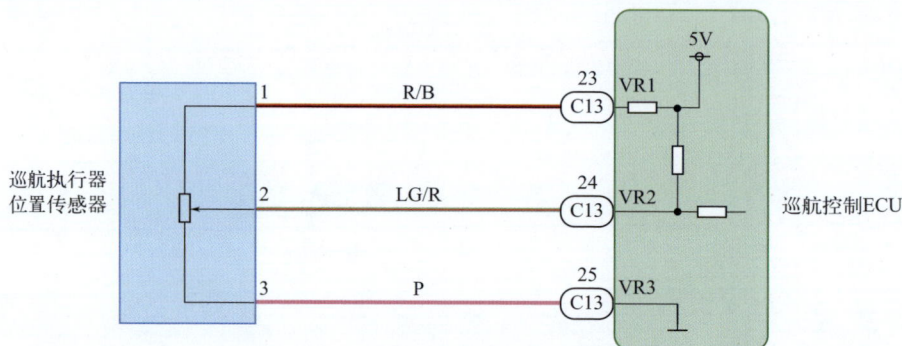

图8-3-7　巡航执行器位置传感器电路

检查流程如下。

（1）检查 ECU 连接器端子 VR2 与 VR3 之间的电压

❶ 将点火开关扭至"ON"（通）。

❷ 用手将控制板慢慢地从减速端转至加速端（图 8-3-8），同时测量 ECU 连接器端子 VR2 与 VR3 之间的电压（图 8-3-9）。正常电压：完全关闭时约 1.3V；完全打开时约 4.6V。

💡 注意：控制板转动时，电压应不停地逐渐上升。

如果不正常，则检查 ECU 连接器端子 VR2 与 VR3 之间的相关线路；如果正常，则检查执行器位置传感器。

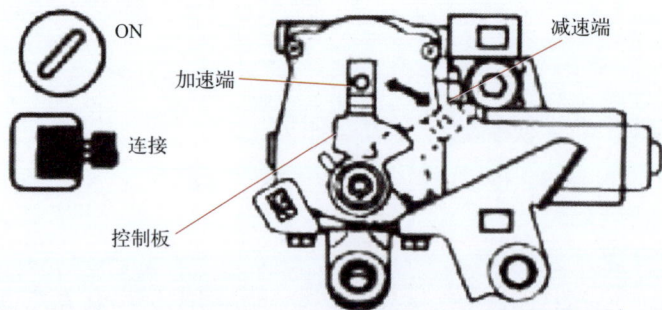

图8-3-8　用手将控制板慢慢地从减速端转至加速端

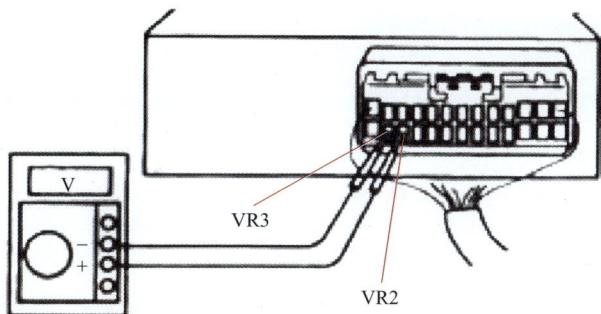

图8-3-9　测量ECU连接器端子VR2与VR3之间的电压

（2）检查巡航执行器位置传感器

❶ 测量巡航执行器连接器端子 1 与 3 之间的电阻值。正常电阻：约 2.2kΩ。

❷ 用手将控制板慢慢地从减速端转至加速端，同时测量巡航执行器连接器端子 2 与 3 之间的电阻（图 8-3-10）。正常电阻：完全关闭时，约 530Ω；完全打开时，约 2.0kΩ。

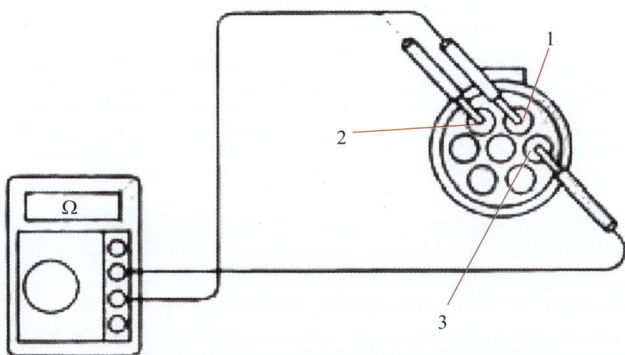

图8-3-10　测量巡航执行器连接器端子2与3之间的电阻

💡 注意：控制板转动时，电阻应不停地逐渐上升。

如果不正常，则更换巡航执行器总成；如果正常，则检查 ECU 和巡航执行器位置传感器之间的配线及连接器是否开路或短路。

（3）检查 ECU 和巡航执行器位置传感器之间的配线及连接器是否开路或短路

如果不正常，则修理或更换配线或连接器；如果正常，则检查配线和连接器的连接处是否松动。如连接正常，则应检查或更换 ECU。

8.3.4 车速传感器电路检查

如图 8-3-11 和图 8-3-12 所示，转子轴每转动一圈，车速传感器便会通过发动机和 ECT 的 ECU 及组合仪表将信号传送至巡航控制 ECU。巡航控制 ECU 根据信号脉冲频率计算出车速。

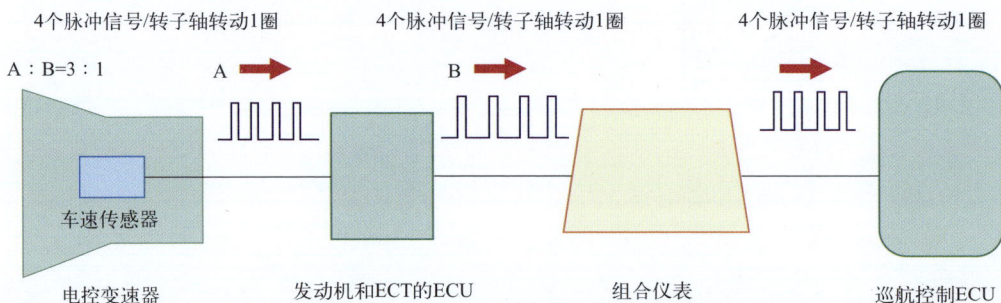

图8-3-11　车速传感器信号传输过程

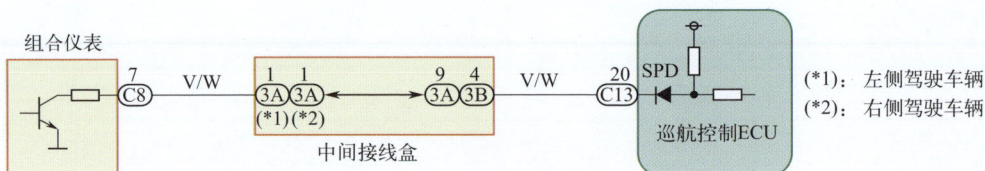

图8-3-12　车速传感器电路

检查流程如下。

（1）检查输入信号

在以高于 40km/h 和低于 40km/h 的车速行驶时，检查指示灯的工作情况。正常信号：车速高于 40km/h 时，指示灯闪烁；车速低于 40km/h 时，指示灯持续亮。

如果不正常，则进一步检查巡航控制开关电路；如果正常，则检查车速表电路。

（2）检查车速表电路

如果不正常，则修理或更换车速传感器配线、连接器或组合仪表总成；如果正常，则检查和更换巡航控制 ECU。

8.3.5 巡航控制开关电路检查

如图 8-3-13 所示，该电路将 SET/COAST（设定 / 滑行）、RESUME/ACCEL

（恢复 / 加速）及 CANCEL（取消）信号（每个电压）传送至 ECU。

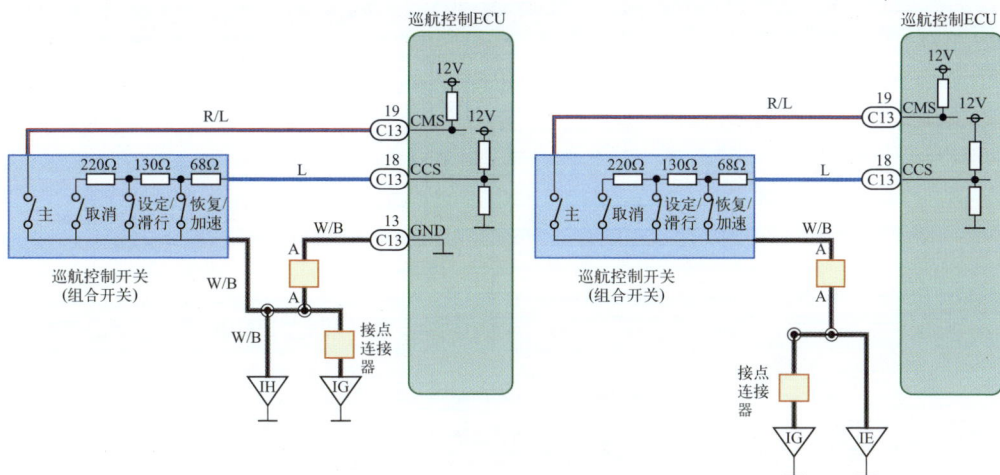

图8-3-13　巡航控制开关电路

检查流程如下。

（1）检查输入信号

SET/COAST（设定 / 滑行）、RESUME/ACCEL（恢复 / 加速）及 CANCEL（取消）分别接通时，检查指示灯的运作情况。

正常信号：当 SET/COAST（设定 / 滑行）开关或 RESUME/ACCEL（恢复 / 加速）开关接通时，有如图 8-3-14 所示的信号输出；当开关断开时，信号应消失。当 CANCEL（取消）开关接通时，指示灯应熄灭。

如果不正常，则进一步检查制动开关电路；如果正常，则检查巡航控制 ECU 连接器的端子 CCS 与车身接地之间的电压。

图8-3-14　指示灯闪烁方式

（2）检查巡航控制 ECU 连接器的端子 CCS 与车身接地之间的电压

❶ 将点火开关扭至"ON"（通）。

❷ SET/COAST、RESUME/ACCEL 及 CANCEL 开关分别接通时，测量 ECU 连接器的 CCS 端子与车身接地之间的电压（表 8-3-3）。

表 8-3-3　检测端子正常电压

开关位置	电压 /V
Neutral	10 ～ 14
RESUME/ACCEL	0.75 ～ 2.5
SET/COAST	2.3 ～ 4.6
CANCEL	4.1 ～ 7.2

（3）检查控制开关

操作控制开关，同时测量控制开关连接器端子 3 与 4 之间的电阻（表 8-3-4）。

表 8-3-4　检测端子正常电阻

开关位置	电阻 /Ω
Neutral	∞（不导通）
RESUME/ACCEL	60 ～ 80
SET/COAST	180 ～ 220
CANCEL	400 ～ 440

💡 注意：开关位于 Neutral 时的电阻应始终为 0，特别是在 RESUME/ACCEL 开关、SET/COAST 开关之间变换时。

如果不正常，则更换巡航控制开关；如果正常，则检查巡航控制 ECU 与控制开关之间的配线和连接器。

（4）检查巡航控制 ECU 与控制开关之间的配线和连接器

如果不正常，则修理或更换车速传感器；如果正常，则检查和更换巡航控制 ECU。

8.3.6　制动开关电路检查

如图 8-3-15 所示，车辆制动时，蓄电池电压通常会通过制动灯熔丝和制动灯开关作用在 ECU 的端子 STP 上，ECU 随之断开巡航控制电路。

该电路具有故障防护功能，即使制动灯信号电路发生故障，也可保证取消功能仍正常运作。

❶ 如连接 STP- 端子的配线开路，端子 STP- 便具有蓄电池电压，使巡航控制电路断开。

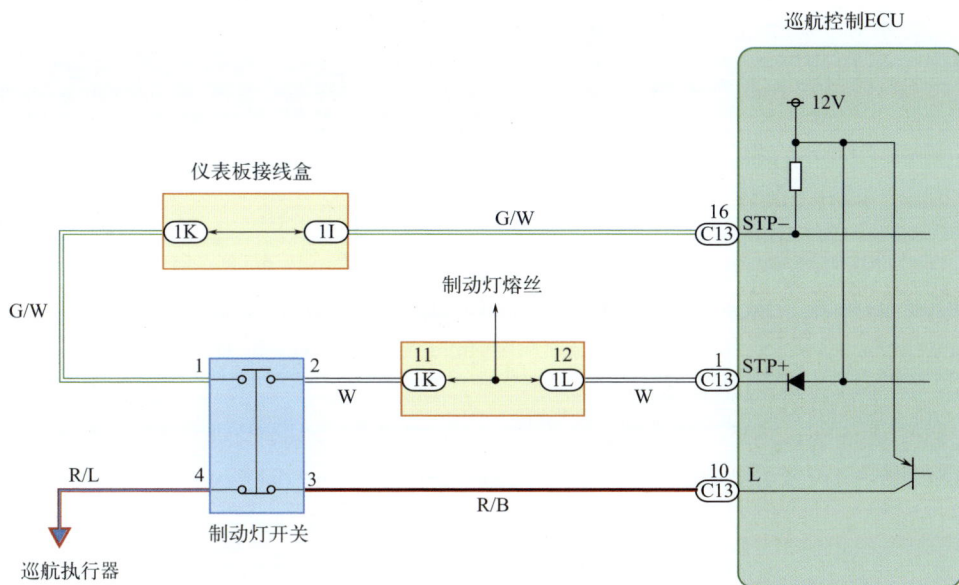

图8-3-15　制动开关电路

❷ 如制动灯熔丝开路，在制动时，端子 STP+ 的电压会变为 0，ECU 便可正常操作取消功能。

另外，制动时，制动灯开关还会用机械方法断开电磁离合器，从而断开巡航控制电路。

检查流程如下。

（1）检查制动灯的运作

检查制动灯，应在踩下制动踏板时"ON"（亮），在松开制动踏板时"OFF"（灭）。

如果不正常，则检查制动灯电路；如果正常，则输入信号检查。

（2）输入信号检查

踩下制动踏板时检查指示灯。正常信号：踩下制动踏板时指示灯应熄灭。

如果不正常，则检查输入信号相关线路；如果正常，则检查巡航控制ECU 端子 STP+ 和 STP- 与车身接地之间的电压。

（3）检查巡航控制 ECU 端子 STP+ 和 STP- 与车身接地之间的电压

❶ 将点火开关扭至"ON"（通）。

❷ 踩下或松开制动踏板时，测量巡航控制 ECU 连接器端子 STP+ 和STP- 与车身接地之间的电压（表 8-3-5）。

表 8-3-5　检测端子的电压

制动踏板位置	STP+ 电压 /V	STP- 电压 /V
踩下	10～14	10～14
松开	10～14	＜1

如果不正常，则检查巡航控制 ECU 端子 STP+ 和 STP- 与车身接地之间的线路；如果正常，则检查巡航控制 ECU 的端子 STP+ 与制动灯开关之间、ECU 的端子 STP- 与制动灯开关之间的配线和连接器是否开路。

（4）检查电路是否开路

检查巡航控制 ECU 的端子 STP+ 与制动灯开关之间、ECU 的端子 STP- 与制动灯开关之间的配线和连接器是否开路。

如果不正常，则维修或更换故障线束或连接器；如果正常，则检查或更换巡航控制 ECU。

8.4　汽车防抱死制动系统芯片常见故障诊断

8.4.1　低电压故障诊断

低电压故障诊断如图 8-4-1 所示。

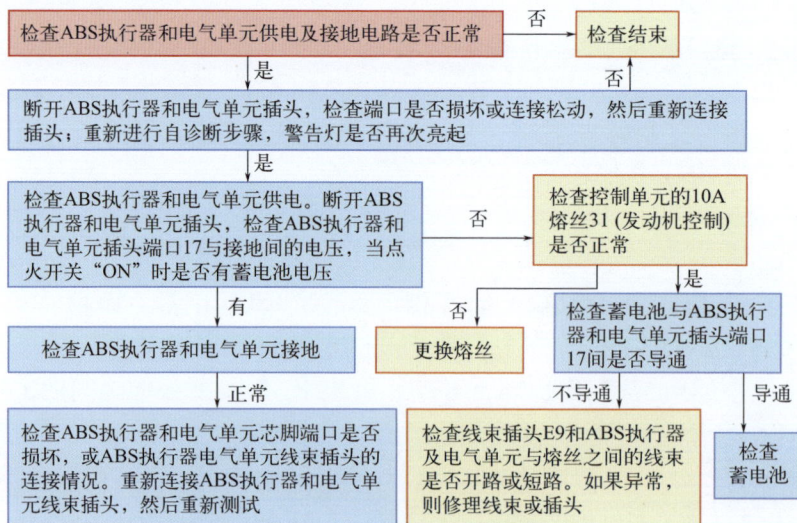

图8-4-1　低电压故障诊断

图解汽车芯片技术

8.4.2　踏板有振动和噪声故障诊断

踏板有振动和噪声故障诊断如图 8-4-2 所示。

下列情况下，ABS 可能在工作并产生振动：在换挡或操作离合器时逐渐踩下制动踏板；高速转向；驾车通过颠簸或深坑路面；车辆停止时发动机转速超过 5000r/min。

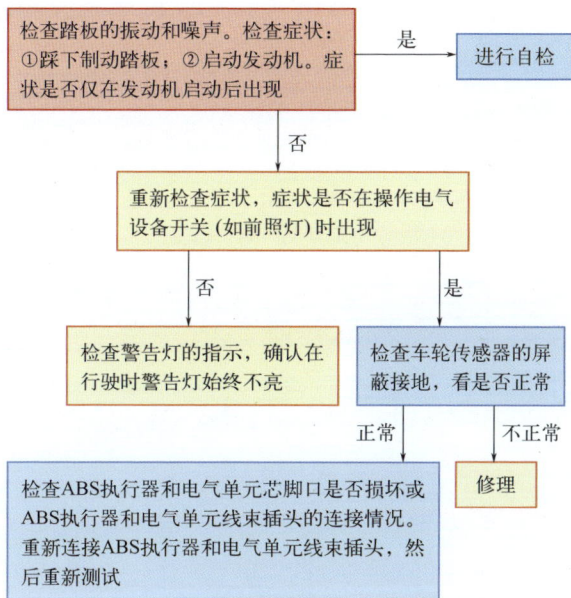

图8-4-2　踏板有振动和噪声故障诊断

8.4.3　ABS 频繁动作故障诊断

（1）检查制动液压力

检查制动液压力分配。

（2）检查车轮传感器

❶ 检查车轮传感器插头端口是否损坏或连接松动。

❷ 进行车轮传感器机械部分检查。

（3）检查前桥

检查前后桥是否过度松旷。

8.4.4 ABS 警告灯持续点亮故障诊断

当点火开关转到"ON"时 ABS 警告灯持续点亮。

（1）检查警告灯

❶ 断开 ABS 执行器和电气单元插头。

❷ 用合适的导线将 ABS 执行器和电气单元插头端口 2 与接地连接。

（2）检查线束插头

检查 ABS 执行器和电气单元芯脚端口是否损坏，或 ABS 执行器和电气单元线束插头的连接情况。重新连接 ABS 执行器和电气单元插头，然后重新测试。

（3）检查 ABS 电动机接地

❶ 点火开关转到"OFF"。

❷ 检查 ABS 电动机与接地线之间的导通性。

8.4.5 ABS 警告灯不亮故障诊断

当点火开关转到"ON"时，ABS 警告灯不亮。

（1）检查熔丝

以日产汽车为例，检查警告灯的 10A 熔丝是否熔断（图 8-4-3）。

（2）检查 ABS 控制单元供电电路

❶ 安装 10A 熔丝。

❷ 拆下电磁阀继电器。

❸ 从控制单元和执行器上断开插头。

❹ 将点火开关转到"ON"后，测量控制单元插头 2 与接地间电压（标准为蓄电池电压）。

（3）检查插头

断开 ABS 执行器和电气单元插头，查看 ABS 警告灯是否会报警。

（4）检查线束是否短路

❶ 断开 ABS 执行器和电气单元插头。

❷ 检查 ABS 执行器和电气单元端口 2 与地间电压（标准为蓄电池电压）。

（5）检查线束插头

检查 ABS 执行器和电气单元芯脚端口是否损坏，或 ABS 执行器和电气单元线束插头的连接情况，重新连接 ABS 执行器和电气单元线束插头，重新测试。

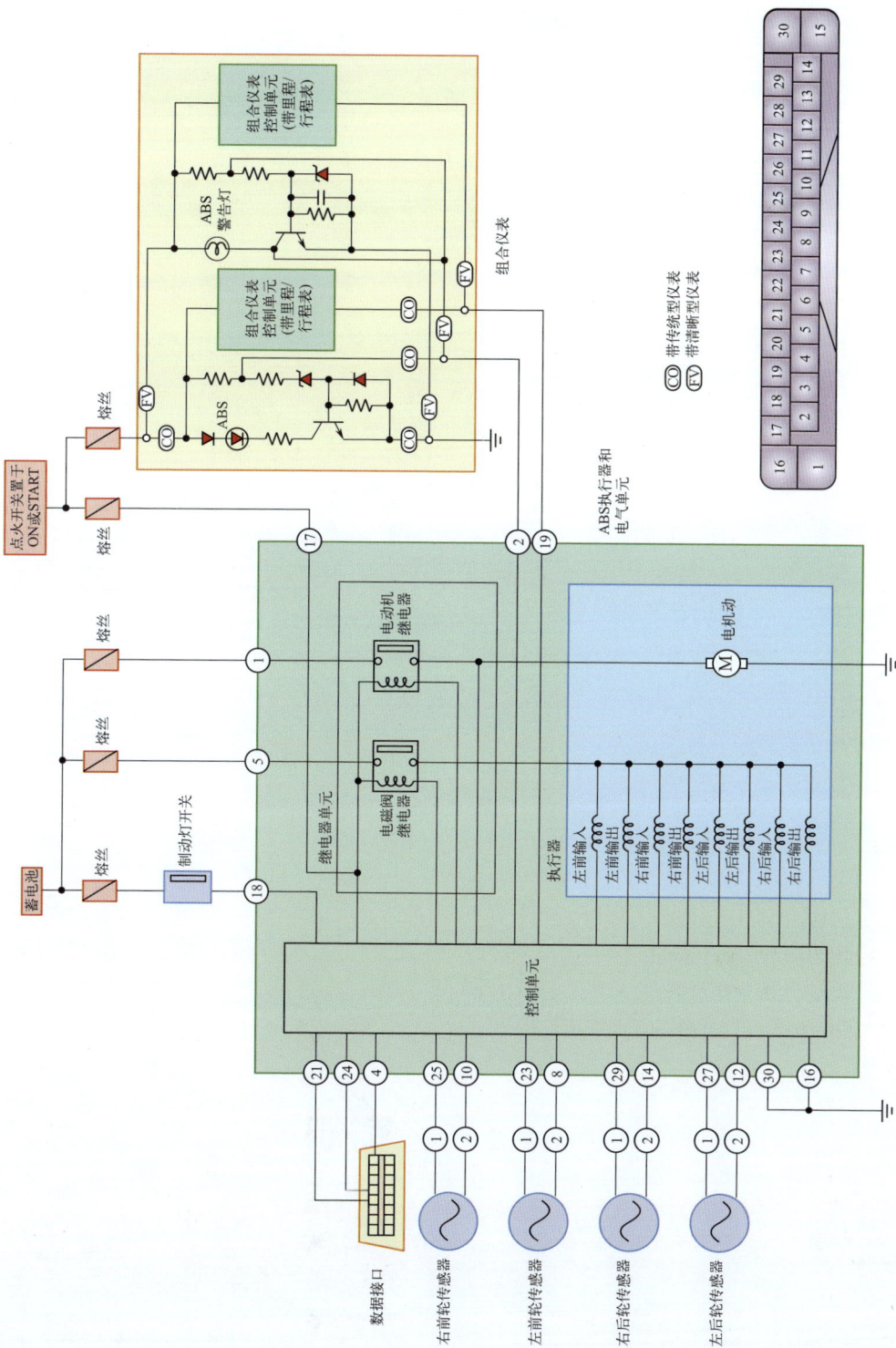

图8-4-3 日产汽车电路

组合仪表控制单元（带里程/行程表）

ABS 警告灯

组合仪表控制单元（带里程/行程表）

组合仪表

ABS

CO 带传统型仪表
FV 带清晰型仪表

点火开关置于 ON 或 START

熔丝

ABS执行器和电气单元

蓄电池

熔丝

熔丝

熔丝

熔丝

制动灯开关

电动机继电器

电磁阀继电器

继电器单元

电机动 M

执行器

左前输入
左前输出
右前输入
右前输出
左后输入
左后输出
右后输入
右后输出

控制单元

数据接口

右前轮传感器

左前轮传感器

右后轮传感器

左后轮传感器

8.4.6 ABS 其他常见故障诊断

ABS 其他常见故障诊断如表 8-4-1 所示。

表 8-4-1 ABS 其他常见故障诊断

序号	故障	故障原因
1	ABS 主电脑板故障	① 主电脑板内部故障 ② 主电脑板插头断开 ③ 熔丝熔断或通向主电脑的电源线路损坏 ④ 主电脑板电压降至 7V 以下
2	调节器不良	① 主电脑板插头不良 ② 调节器插头的 10 号脚松开 ③ 电磁线圈式驱动电路短路或开路 ④ 调节器线束电压过低
3	制动系统液压下降	① 有滑移现象 ② 在低附着系数的路面上制动，特别是在冰雪路面上制动 ③ 调节器故障或严重不正 ④ 调节器接线不良 ⑤ 主电脑板或相关插头接线不良
4	警告灯继电器不良	① ABS 警告灯继电器触点误接地 ② ABS 警告灯继电器不良
5	油门开关断路或调整不当	① 油门开关插头不良 ② 油门开关安装不当 ③ 油门开关调整不当
6	电磁阀电压过低	① 系统继电器张开 ② 系统电压过载 ③ 冷天较长时间处于熄火状态 ④ 线束插头不良 ⑤ 12V 电源线开路或短路
7	泵马达故障	① 泵马达继电器不良 ② 泵马达无电压或电压过低 ③ 泵马达电路开路
8	脉冲发生器 A 线路断路	① 脉冲发生器 A 安装不当 ② 车速弹簧片开关不良
9	脉冲发生器 B 线路断路	① 脉冲发生器 B 安装不当 ② 车速弹簧片开关不良

图解汽车芯片技术

序号	故障	故障原因
10	挡位控制电磁阀 A 线路断路	① 电磁阀插头不良 ② 挡位控制电磁阀 A 安装不当
11	挡位控制电磁阀 A 线路短路	① 电磁阀插头不良 ② 挡位控制电磁阀 A 安装不当
12	挡位控制电磁阀 B 线路断路	① 电磁阀插头不良 ② 挡位控制电磁阀 B 安装不当
13	挡位控制电磁阀 B 线路短路	① 电磁阀插头不良 ② 挡位控制电磁阀 B 安装不当
14	压力控制电磁阀线路断路	① 电磁阀插头不良 ② 压力控制电磁阀安装不当
15	压力控制电磁阀线路短路	① 电磁阀插头不良 ② 压力控制电磁阀安装不当
16	减振离合器控制电磁阀线路断路	① 电磁阀插头不良 ② 减振离合器控制电磁阀安装不当
17	减振离合器控制电磁阀线路短路	① 电磁阀插头不良 ② 减振离合器控制电磁阀安装不当
18	减振离合器系统不良	① 减振离合器液压电路不良 ② 减振离合器控制电磁阀安装不当
19	1 挡无法同步	① 脉冲发生器 A 和 B 接头不良 ② 脉冲发生器 A 和 B 安装不当 ③ 后离合器打滑
20	2 挡无法同步	① 脉冲发生器 A 和 B 接头不良 ② 脉冲发生器 A 和 B 安装不当 ③ 强迫降挡制动器打滑
21	3 挡无法同步	① 脉冲发生器 A 和 B 接头不良 ② 脉冲发生器 A 和 B 安装不当 ③ 强迫降挡制动器打滑
22	4 挡无法同步	① 脉冲发生器 A 和 B 接头不良 ② 脉冲发生器 A 和 B 安装不当 ③ 后离合器打滑 ④ 强迫降挡制动器打滑
23	转矩降低需求信号线路短路或转矩降低执行信号线路开路	① 转矩降低需求信号线路不良 ② 转矩降低执行信号线路不良

序号	故障	故障原因
24	右前车轮速度传感器不良	① 右前车轮速度传感器插头不良 ② 右前车轮速度传感器间隙过大 ③ 右前车轮速度传感器输出信号太弱 ④ 在泥泞的低附着系数的路面上制动 ⑤ 在凹凸不平或松软路面上行驶 ⑥ 车桥径向跳动
25	左后车轮速度传感器不良	① 左后车轮速度传感器插头不良 ② 左后车轮速度传感器间隙过大 ③ 左后车轮速度传感器输出信过弱 ④ 在泥泞的低附着系数的路面上制动 ⑤ 在凹凸不平或松软路面上行驶 ⑥ 车桥径向跳动
26	右后车轮速度传感器不良	① 右后车轮速度传感器插头不良 ② 右后车轮速度传感器间隙过大 ③ 右后车轮速度传感器输出信号过弱 ④ 在泥泞的低附着系数的路面上制动 ⑤ 在凹凸不平或松软路面上行驶 ⑥ 车桥径向跳动
27	左前车轮速度传感器不良	① 左前车轮速度传感器线束断开、破损或接地 ② 左前车轮速度传感器插头不良 ③ 外界噪声干扰过强

第9章

汽车芯片故障诊断案例

9.1 汽车发动机芯片故障诊断案例

9.1.1 发动机抖动

（1）故障现象

一辆大众捷达轿车发动机抖动。

（2）故障诊断与排除

❶ 车辆熄火后，检查点火线圈和喷油器，没有发现插接线松动或接触不良现象。

❷ 检查燃油供给系统油路中无燃油，点火线圈无高压火。

❸ 使用电脑诊断仪进入防盗器控制单元（如果防盗器控制单元识别钥匙未授权，会自动锁住发动机 ECU，出现不供油，无高压火），显示防盗器无故障，系统正常。

❹ 再对发动机 ECU 进行检测，发动机 ECU 中存储两个故障码，含义为：一是节流阀体没有满足基本设定；二是 2 缸喷油器对地断路。这两个故障均不会造成车辆不能启动。

❺ 仔细检查燃油泵熔丝、继电器和燃油泵及点火线圈，均正常。

❻ 尝试更换一个新的发动机转速传感器，车辆可以发动，但是发动机依然发抖。使用电脑诊断仪再次对发动机 ECU 进行检测，显示一个故障码，含义为：2 缸喷油器对地断路。

❼ 使用万用表测出 2 缸喷油器电阻为 14Ω，正常。将点火开关打在"ON"挡的瞬间，发动机 ECU 80 号脚接地，燃油泵继电器吸合。用万用表测出 87 号脚对地电压为电源电压（12.52V）。证明 2 缸喷油器线束无断路故障。车辆发动后，87 号脚对地电压一直保持为电源电压。说明发动机 ECU 内部发生短路，没有控制 2 缸喷油器负极线（发动机的 87 号脚）间歇性接地，所以 2 缸喷油器不工作，发动机抖动（图 9-1-1）。

更换全新的发动机 ECU，使用诊断仪对发动机 ECU 进行匹配后，发动机工作非常平稳，检测发动机 ECU 无任何故障，系统正常。

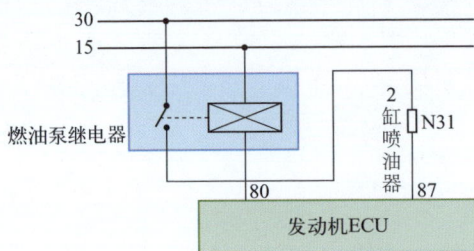

图9-1-1　2缸喷油器电路

9.1.2　发动机无法启动

（1）故障现象

一辆大众捷达轿车发动机无法启动。

（2）故障诊断与排除

❶ 检查油路和电子控制点火电路，使用万用表检查燃油泵导线侧连接器的供电情况。

❷ 接通点火开关时电源端子上无电压，因此断定燃油泵供电电路有问题。

❸ 车辆燃油泵控制电路中采用一个 4 端子常开继电器，对该继电器的电路进行检查，从继电器盒上拔下燃油泵继电器，接通点火开关，使用万用表测得继电器盒上的燃油泵继电器连接器端子 2 与地、端子 6 和 8 之间的电压，都为蓄电池电压。

❹ 启动发动机，测量端子 3，发现无电压。对端子 3 至发动机 ECU 之间的线路进行仔细检查，最后发现在位于发动机室左后处的发动机 ECU 端子进水了，而且腐蚀严重，与燃油泵继电器端子 3 相连的发动机 ECU 端子已经断裂，无法继续使用。

更换发动机 ECU 后，故障排除。

9.1.3　发动机无高压电、无喷油，无法启动

（1）故障现象

一辆大众捷达轿车发动机无高压电、无喷油，无法启动。

（2）故障诊断与排除

❶ 使用万用表电压挡测量空气流量计、冷却液温度传感器，发现没有5V 参考电压；怠速执行机构，也没有近似蓄电池电压的电源。至此，可以肯定发动机 ECU 不工作。

❷ 打开点火开关后，测得通往控制单元的正极线对地为蓄电池电压，且连接良好，搭铁线也都可靠。可是关闭点火开关后，却没有蓄电池电压送往控制单元。

现在电源正常，控制单元却不工作，肯定是控制单元内部出了故障。

捷达轿车发动机电路如图 9-1-2 所示。

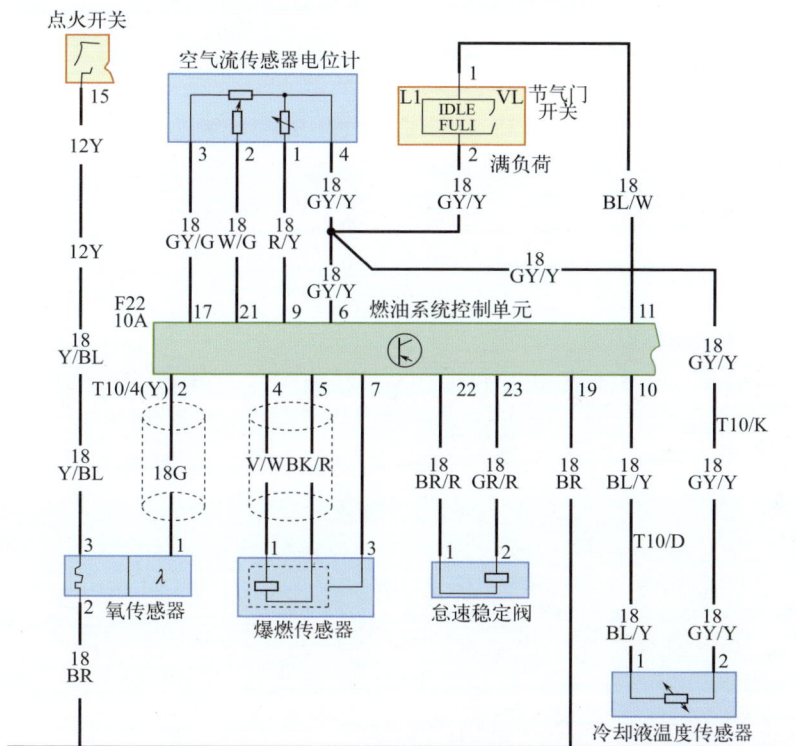

图9-1-2　捷达轿车发动机电路

❸ 打开控制单元盒，发现怠速执行机构的电阻及三个三极管均有烧坏的情况。

控制单元的电源 +B 为两个晶体三极管，其中一个给 CPU 供电并向各传感器提供 5V 参考电压，另一个则给急速执行机构提供近似蓄电池电压的电源。

❹ 换上两个三极管（当然要注意管脚接法），并更换有裂纹的大电容之

后，给控制单元外接电源，在其 17 号脚、9 号脚、10 号脚可测得 5V 参考电压，在 22 号脚可测得近似蓄电池电压。

⑤ 再次仔细检查发动机 ECU，发现两块印制电路板之间的连接软线有一根已折断，时而接触不良。

控制单元装车后，启动发动机，发动机运转正常，故障排除。

9.1.4　维修空调后，发动机无法启动

（1）故障现象

一辆大众朗逸轿车维修空调后，发动机无法启动。

（2）故障诊断与排除

① 检查喷油器，在打开点火开关后持续喷油，气缸内及油底壳内积存了大量的汽油，以至于出现起动机无法带动发动机的现象。

② 对电喷系统电路进行详细检查后并未发现任何短路或搭铁之处，怀疑发动机 ECU 可能损坏。

③ 对发动机 ECU 外围线路如电源搭铁线及所有传感器信号进行检查，未见异常。

④ 将发动机 ECU 外壳打开，测量喷油器功率，控制晶体管的集电极对地电压，其值小于 1V，而基极对地电压则为 2V，显然该晶体管已处于饱和状态，致使喷油器处于持续喷油状态。

从该车型电路图分析：未喷油时集成块输出 5V 的驱动电压经一个限流电阻后进入驱动三极管的基极，使该三极管处于饱和状态，也使控制喷油器的功率三极管基极电位降至 1V。此时功率三极管处于截止状态，喷油器控制端不能接地，因而不能喷油。在喷油的瞬时，集成块切断 5V 电压，驱动三极管截止，而功率三极管饱和，喷油器控制端接地喷油。

⑤ 在测量过程中发现驱动三极管基极与集电极之间断路，使得功率三极管始终处于饱和状态，导致持续喷油的故障，这是该车故障所在。

更换损坏的驱动三极管，装复后试车，故障排除。

9.1.5　车辆事故维修后不能启动

（1）故障现象

一辆大众汽车事故维修后不能启动。

（2）故障诊断与排除

图解汽车芯片技术

❶ 使用电脑诊断仪进入发动机系统读取故障码，含义为：

a. 霍尔传感器断路/短路；

b. 节气门位置传感器 G69 断路/短路；

c. 怠速节气门位置传感器 C88 断路/短路；

d. 冷却液温度传感器断路/短路；

e. 进气温度传感器断路/短路。

故障码不能清除。

❷ 读取冷却液温度数据流为"43℃，第 4 项：20℃"。数据明显不正常。

❸ 进行相关线路检测，拔下冷却液温度传感器插头，打开点火开关，用万用表测量 4 条线路的工作状况，冷却液温度传感器第 1 号脚无正负电压，第 2 号脚为搭铁线，第 3 号脚为 5V 电压，第 4 号脚为 10V 电压。

冷却液温度传感器只有第 1 号脚工作不正常。根据电路图和冷却液温度传感器的工作原理分析，当第 1 号脚接 12V 时为对地短路，烧断控制单元线路板，由于进气温度传感器、冷却液温度传感器、霍尔传感器、节气门位置传感器共用搭铁线，所以测得故障码均为断路/短路故障。第 2 号脚为搭铁线，接 12V 时为短路，当时火花应很大，因为瞬间接触未造成线路烧毁。第 3 号脚接 12V 时为传感器对正极短路，因控制单元内部保护功能完善，未造成损坏。第 4 号脚接 12V 等于将仪表供给传感器的 10V 电压提升 2V，也未造成损坏。通过分析，确定控制单元损坏，其内部线路板烧断。

通过电路图（图 9-1-3），检查电子扇线路，故障为温控开关损坏，更换后正常，故障排除。

9.1.6 车辆启动困难

（1）故障现象

一辆大众帕萨特轿车启动困难，启动后发动机怠速不稳，加速无力，急加速有时会熄火，且仪表上"EPC"灯亮。

（2）故障诊断与排除

❶ 使用电脑诊断仪进行故障检查时发现有 7 个故障码，都是偶发性故障。故障内容分别是：

a. 发动机 ECU 损坏；

b. 节气门损坏；

c. 探知 2 缸有断火现象；

d. 节气门设置电压太低；

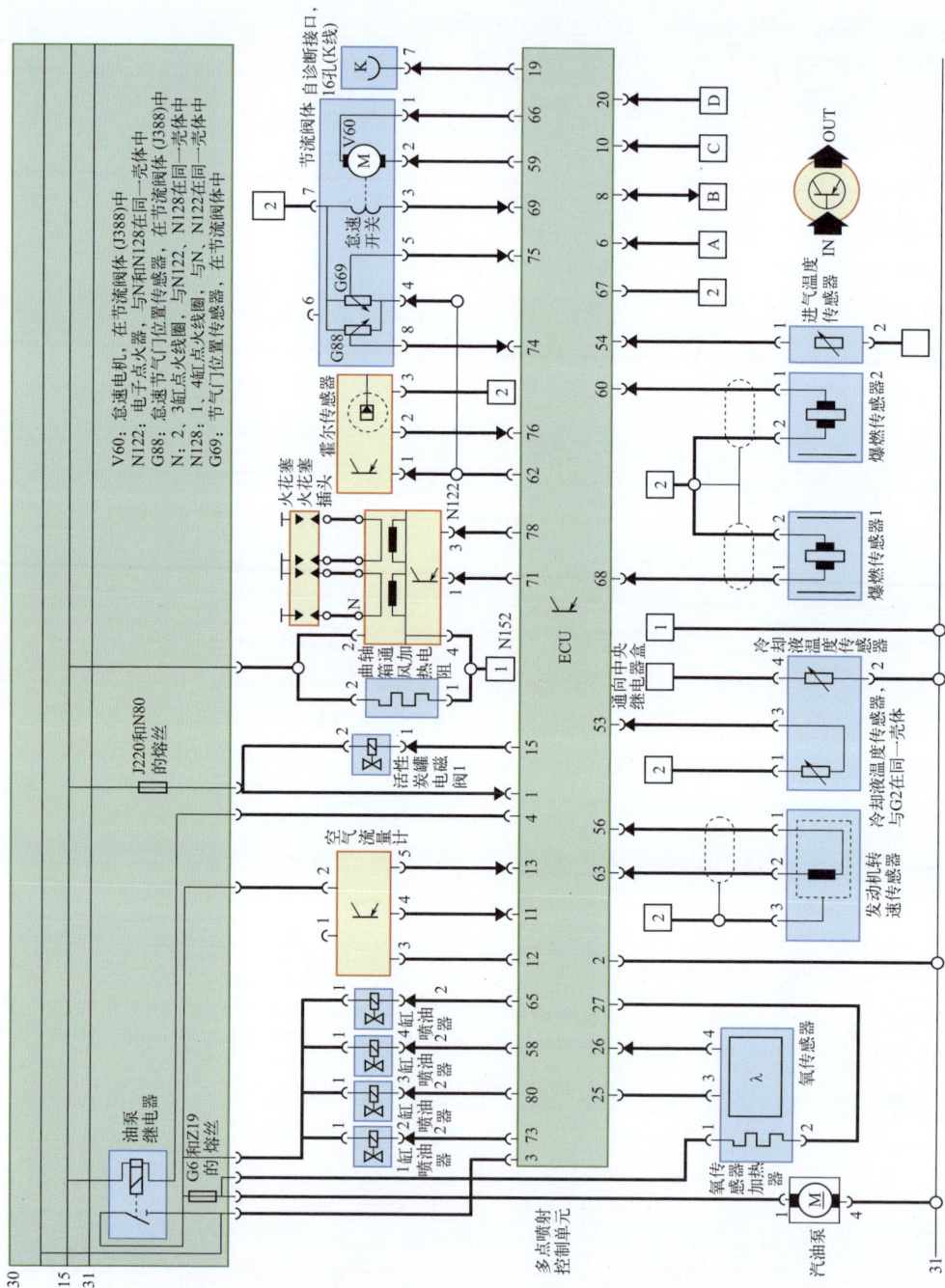

图9-1-3 发动机电路

e. 发动机控制单元锁死；

f. 无发动机信号；

g. 凸轮轴调节阀信号中断。

❷ 根据以上故障内容分析，结合电路图（图9-1-4）可知，导致发动机不易启动的原因有：

a. 发动机转速传感器损坏；

b. 正时皮带正时不准；

c. 防盗系统有问题；

d. 发动机控制单元电压不稳。

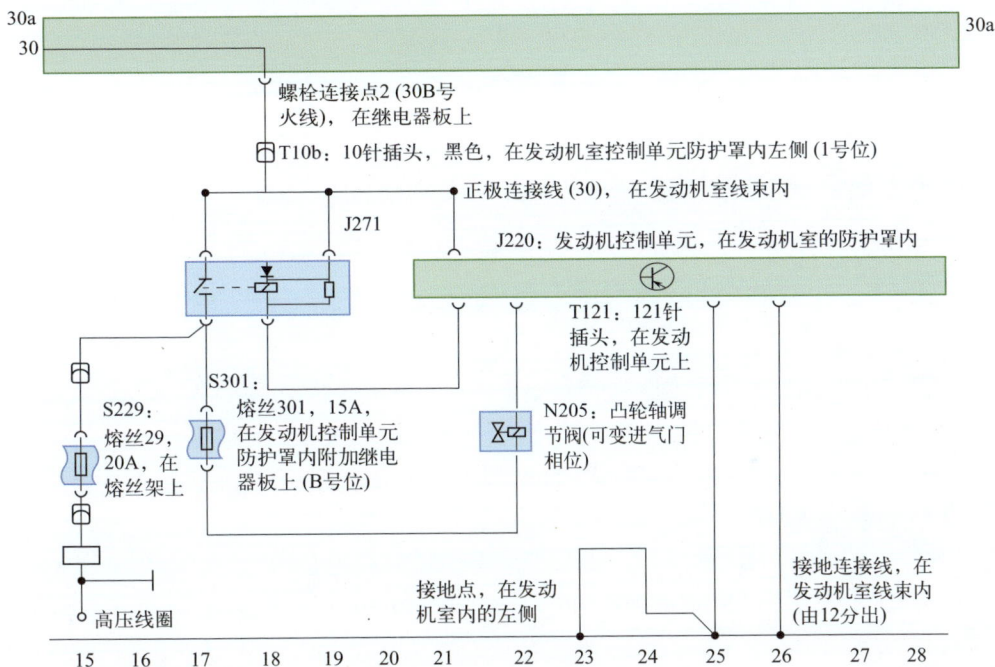

图9-1-4　大众帕萨特轿车电路

❸ 检查仪表和防盗系统，无故障。

❹ 检查正时皮带，皮带张紧度合适，张紧器工作良好，正时正确。

❺ 用燃油压力表检查燃油压力。将燃油压力表接好后，打开点火开关，燃油压力表压力值立刻上升，启动发动机后，怠速时为350kPa，急加速时为380kPa，熄火10min后，压力保持在250kPa以上，说明燃油泵供油正常。

❻ 检查冷却液罐下方的发动机控制单元搭铁线，此处搭铁线固定良好，

并无松动现象。发动机启动后，检查蓄电池电压，怠速时为13.6V，加速时为13.6～14.1V，电压正常。

❼ 接着对电子节气门进行清洗并做基本设定，之后，路试50km，并多次启动，故障依旧。

❽ 再次读取故障码，内容为发动机主继电器（30号继电器）断路，更换后故障依旧。

❾ 再次读取故障码，内容为永久性故障，即发动机控制单元损坏，这个永久性故障无法清除。

❿ 将有问题的发动机ECU装入相同车辆上后，马上就不能启动着车，检查也会出现发动机ECU损坏的永久性故障，说明是发动机ECU彻底损坏了。

更换发动机ECU进行试验，车辆便一切正常，故障排除。

9.1.7 发动机故障指示灯亮，怠速抖动

（1）故障现象

某别克GL8发动机故障指示灯亮，怠速抖动。

（2）故障诊断与排除

❶ 使用电脑诊断仪读取故障码，内容为ECR（废气再循环）卡滞或线路不良。

❷ 对EGR阀进行动作测试，发现EGR不能完全关闭到底（正常：EGR阀的开度任意调节）。

❸ 在对EGR阀进行动作测试后，怀疑是线路问题，于是检查相关线路，正常。还是怀疑EGR阀故障，将EGR阀安装到同款车型上测试，结果该EGR阀正常。

❹ 现在重点怀疑发动机控制单元故障。

❺ 如图9-1-5所示，B脚和A脚接到PCM内部搭铁，E脚是由PCM控制供给电磁阀的电源线。D脚是PCM供给的5V参考电压线，C脚是EGR阀反馈给PCM的位置信号线。EGR阀动作的实际位置会通过C脚反馈给PCM，PCM能够监测到EGR阀的位置，通过TECH2则能观察到EGR阀的实际位置。使用电脑诊断仪通过PCM控制ECR阀的开启与关闭，EGR阀的动作就会有位置信号反馈给PCM。在电脑诊断仪上观察到的也是由PCM输送的，显然EGR本身无问题，只有PCM出问题了。

更换发动机控制单元后试车，车辆正常，故障排除。

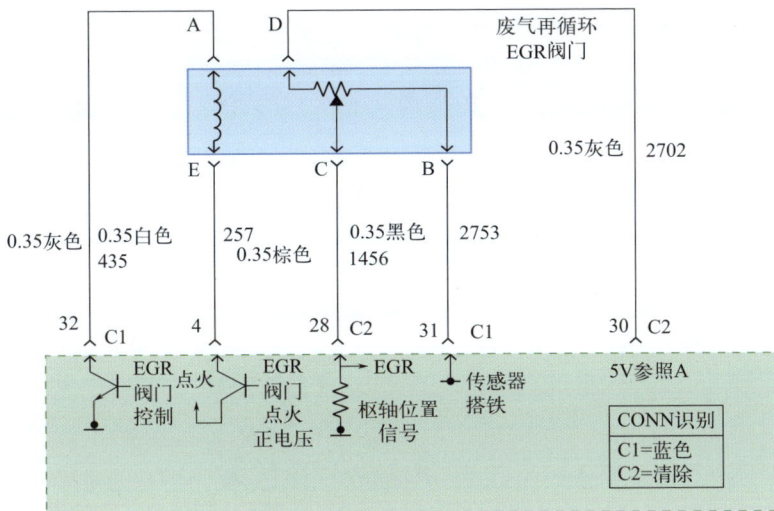

图9-1-5　EGR阀电路

9.1.8　车辆燃油表故障

（1）故障现象

某车辆加满油后，燃油表指针一直在最低位置。

（2）故障诊断与排除

❶ 拆下燃油泵后，发现油箱已加满油。插好燃油泵电气插头，接通点火开关，用手向上抬燃油传感器浮子，发现燃油表指针不动。用导线短接浮子上的端点与滑动臂端，燃油表仍不动作，于是初步认定是燃油表有问题。

❷ 更换一块组合仪表后，燃油表仍不动作，有可能是线路问题，需对照电路图检查。

通过查阅电路图（图9-1-6）得知，燃油传感器信号并不是直接传给组合仪表，而是传给发动机控制模块（ECM）。

断开燃油泵插头，接通点火开关，使用万用表测量插座中1、6端间的电压，为0；测量插头C108的E5、B1间的电压，仍为0。

❸ 维修人员又测量了正常车辆的E5、B1间的电压，为5V。由此判断是发动机控制模块（ECM）损坏。

工作原理：发动机控制模块（ECM）的K51脚输出5V电压，同时此脚又是燃油信号检测端。5V电压经传感器电阻后，由ECM的K34脚提供搭铁。油面高时，电压低；油面低时电压高。组合仪表B3脚向ECM的K30脚提供频率为 128Hz、幅度为 5V 的方波信号，由 ECM 控制方波的占空比，即控制搭铁时间，也就控制了此端的平均电压。油面高时，平均电压低；油面低时，平均电压高。如果 K30 端连线断路或接地，燃油信号变为 100% 或 0，燃油表不确认，也不动作。

更换发动机控制模块（ECM）后，燃油表工作正常，故障排除。

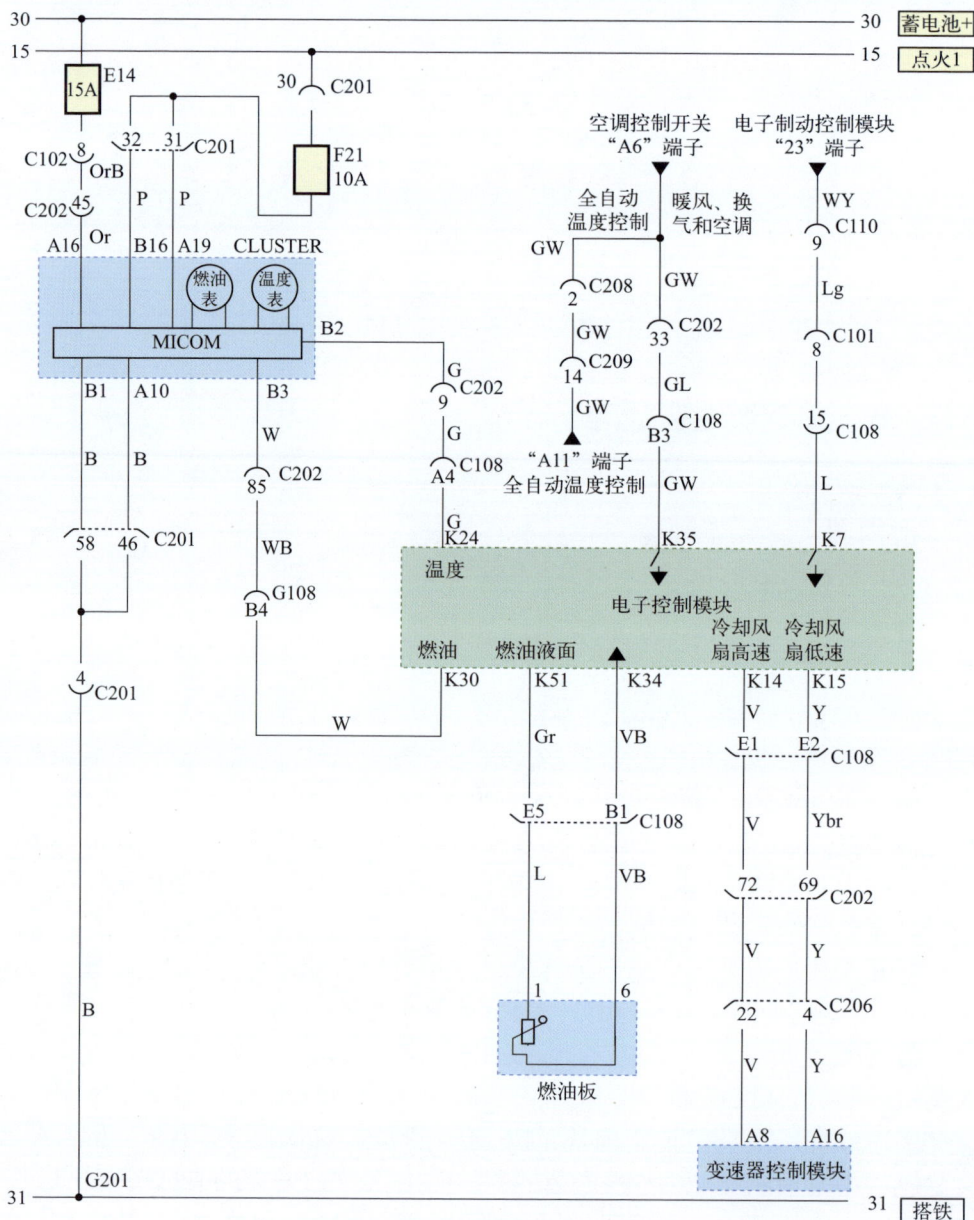

图9-1-6　车辆组合仪表电路

9.1.9 发动机怠速不稳

（1）故障现象

某别克赛欧自动挡轿车，发动机怠速忽高忽低，并伴有喘息现象直至熄火。

（2）故障诊断与排除

使用电脑诊断仪读取发动机故障码，内容为氧传感器故障。

读取发动机数据流，发现氧传感器的数据一直在1000mV，更换氧传感器，故障依旧。

再检查发动机线路，一切正常，重点怀疑ECU有故障。

更换ECU后，故障排除。

9.1.10 更换发动机电脑后无法启动

（1）故障现象

某大众宝来轿车，更换发动机电脑后，发动机无法启动。

（2）故障诊断与排除

该车辆采用第3代防盗系统，防盗电脑与组合仪表是结合在一起的，此防盗系统只能从仪表系统进入（从防盗系统也可以进入，但测出的数据为无用数据）。用电脑诊断仪读取发动机电脑版本信息并记录电脑型号，然后重新读一遍，如果2次读得的电脑版本信息相同，表明是第2代防盗系统；如果2次读得的版本信息不同，表明为第3代防盗系统。

❶ 更换发动机电脑板，但组合仪表和钥匙没有更换。

a. 连接电脑诊断仪，选择"大众车系"，进入"发动机系统"。

b. 选择"通道调整匹配"，输入"050"，匹配通道号。

c. 输入原车密码，按"确认"键确认，显示"学习值被成功保存"，按"确认"键确认后发动机即可启动，不用匹配钥匙。

❷ 更换组合仪表，但发动机电脑板和钥匙没有更换。

a. 连接电脑诊断仪，选择"大众车系"，进入"仪表系统"。

b. 选择"系统登录"，输入新组合仪表密码（通常为4位），若密码正确，则会显示"登录成功"，按"确认"键确认。

c. 选择"通道调整匹配"功能，输入"050"匹配通道号，按"确认"键确认。

d. 输入原车密码，按"确认"键确认，显示"学习值被成功保存"，按

"确认"键确认后发动机即可启动，不需匹配钥匙。

❸ 同时更换组合仪表和发动机电脑板。

a. 进入"仪表系统"，选择"系统登录"，输入新组合仪表的密码（4位），按"确认"键确认，显示"登录成功"，按"确认"键确认。

b. 选择"传递底盘号"功能，选择汽车17位编码，即VIN 17位码，按"确认"键确认。

c. 重新进行钥匙匹配：选择"仪表系统"，选择"系统登录"，按"确认"键确认。输入密码，显示"登录成功"，按"确认"键确认。选择"通道调整匹配"，输入通道号"021"，按"确认"键确认。输入匹配钥匙数，最多8把。

💡 注意：在匹配钥匙过程中，总时间不要超过30s，否则故障灯会闪亮，此时应重新匹配，按"确认"键确认后仪表警告灯熄灭。

❹ 更换二手组合仪表，但发动机电脑板和钥匙没有更换。

a. 进入"仪表系统"，选择"系统登录"，输入二手组合仪表的密码（4位）。

b. 显示"登录成功"，按"确认"键确认，选择"通道调整匹配"功能。

c. 输入"050"，匹配通道号，按"确认"键确认。输入原车密码，按"确认"键确认。

d. 显示"学习值被成功保存"，按"确认"键确认后发动机即可启动，不需要匹配钥匙。

❺ 更换二手发动机电脑板，但仪表和钥匙没有更换。

a. 进入"发动机系统"，选择"系统登录"。

b. 输入发动机密码，显示"登录成功"，选择"通道调整匹配"，输入"050"，匹配通道号。

c. 输入原车密码，按"确认"键确认。显示"学习值被成功保存"，按"确认"键确认后发动机即可启动，不用匹配钥匙。

9.1.11 发动机点火缺缸

（1）故障现象

某雪佛兰乐风轿车发动机1缸和4缸没有高压电。

（2）故障诊断与排除

❶ 对发动机、线路及插头、油路进行外观检查，没有发现故障。

❷ 检查喷油信号，4 个喷油信号都正常。

❸ 检查高压电，1、4 缸没有高压电，2、3 缸高压电正常，而且能着火。检测 1、4 缸高压线以及点火线圈，一切正常。

❹ 连接示波器，检测点火信号是否正常，通过波形发现，2、3 缸点火信号正常，1、4 缸没有点火信号。检查点火线圈插头，3 针插头中间粉色线有 12V 电压，白色线是 2、3 缸点火信号线，金黄色线是 1、4 缸点火信号线。用万用表电阻挡对点火线圈插头金黄色线到电脑 M 位端子的 35、51 脚进行通断检测，导通良好，线路没有故障。

❺ 使用电脑诊断仪检测，发现有 1 个故障码：P0351，内容为点火控制器 1 及 4 电路故障，此故障码清除不掉。检测到现在故障部位已明确，即电脑内部出现了故障。

❻ 拆开发动机 ECU 外壳，找到两个管芯，管芯面积比较大，符合大功率要求，同时也符合两个点火线圈驱动的要求，因此判断可能是点火线圈驱动三极管导致的故障。

经检测，点火线圈驱动三极管基极与发射极之间击穿短路，造成三极管不工作。

更换发动机 ECU，对发动机 ECU 进行匹配后试车，车辆正常，故障排除。

9.1.12　发动机怠速过高

（1）故障现象

某福特嘉年华轿车，发动机怠速转速过高（2000r/min）。

（2）故障诊断与排除

首先检查节气门拉索和节气门开度，正常。

接着使用电脑诊断仪进行检测，没有故障码。

读取数据流，检查喷油器的喷油时间、节气门开度信号、冷却液温度信号和氧传感器信号等数值均在标准范围内。

该车的怠速控制阀为旋转电磁阀，其驱动电压为 12V，驱动波形为方波。用示波器测量怠速控制阀的驱动波形时，发现其驱动电压仅为 7V，显然这么低的电压是无法驱动其工作的。测量怠速控制阀的电阻，为 18.6Ω，正常；检查与怠速控制阀相关的线路及其搭铁情况，没有发现问题。直接给怠速控制阀通 12V 电源，该怠速控制阀工作正常。

因该车辆怠速控制阀的驱动电压是由发动机 ECU 提供的，由此可以断定，发动机 ECU 内部怠速控制阀芯片有问题。

更换怠速控制阀芯片后试车，故障排除。

9.1.13 发动机间歇熄火

（1）故障现象

某沃尔沃轿车在行车途中突然熄火。

（2）故障诊断与排除

❶ 使用电脑诊断仪读取故障码，未发现故障码。

❷ 对点火电路进行检查。将独立的点火线圈拆下来，启动试跳火，发现每一缸火花都很强，拆下火花塞观察，燃烧情况良好，说明点火电路正常。

❸ 检查燃油压力。怠速时燃油压力为 280kPa，拔下压力调节阀的真空管，压力变为 300kPa，油压正常。最后装好燃油压力表进行路试，几十千米后，油压一直保持在 280kPa 不变，未发现故障。

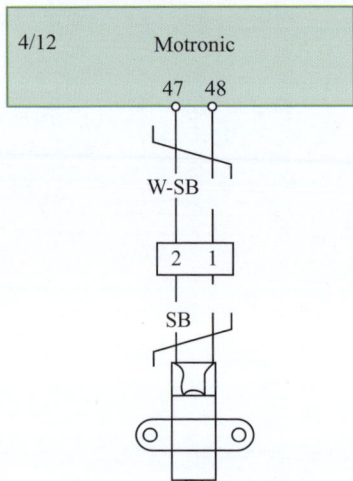

❹ 检查曲轴位置传感器（图 9-1-7）。此传感器安装在发动机后部，是一个磁感应式传感器，靠感应发动机后部的大飞轮齿来产生发动机转速信号。一共有 2 根线，分别到 Motronic 电脑的 47 及 48 号脚，用示波器检查其波形，未见异常。

❺ 对发动机控制系统中的所有连接导线进行全面检查，未发现异常。

❻ 打开发动机电脑板，发现 ECM 集成电路板上部有锈蚀的地方，应该是 ECM 有进水。因此，怀疑是否 ECM 有问题。

图9-1-7 曲轴位置传感器电路

❼ 从别的车上更换一个型号相同的发动机电脑板进行路试，车辆正常。

把原车的发动机电脑板用工业酒精将集成电路板上的灰尘除去，用稀盐酸除锈及氧化物后，涂上绝缘漆，烘干后装好 ECM，路试，一切正常，故障排除。

9.1.14 发动机电脑板维修后怠速过高

（1）故障现象

某日产轿车发动机电脑板进水，经过对发动机电脑板内部进行细致的清理和烘干后装车，启动后，发现怠速停在 1400r/min。

（2）故障诊断与排除

对进气系统进行常规检查，没有发现异常。

使用电脑诊断仪对发动机进行故障检测，没有故障码。

检查数据流发现，发动机转数 1400r/min，冷却液温度 89℃，进气温度 35℃，怠速电机步数为 0，点火提前角 -5°，推断故障的症结就在怠速电机的步数和点火提前角上。首先对电脑板计算点火提前角首要信号的凸轮轴位置传感器和曲轴位置传感器及其相关线路进行检查，一切正常。

该车怠速阀为六线式的步进电机，2、5 号脚是 ECM 继电器提供的电源，1、3、4、6 号脚分别为电脑板控制线：经测量 2 号脚与 1、3 号脚之间，5 号脚与 4、6 号脚之间的电阻为 30Ω。打开点火开关，2、5 号脚为电源电压，ECM 的 101 号脚与怠速阀 3 号脚，ECM 的 115 号脚与怠速阀 6 号脚，ECM 的 122 号脚与速阀 1 号脚，ECM 的 123 号脚与怠速阀 4 号脚完全导通。打着车，用试灯对电脑板控制的 1、3、4、6 号脚进行测量，发现只有 1 号脚没有脉冲信号，其余 3 脚均闪烁。由此证明电脑板对怠速电机的控制出现了故障。

再次打开发动机电脑板盖，沿着 101、115、123 号脚，找到一块专门控制怠速阀的小集成块，发现只有 122 号脚与此集成块不通。

由于发动机电脑板内部比较复杂（图 9-1-8），电气元件覆盖了许多线路板，因此采用跨接的方法来测试，在断路的线路板上做了跨接，装复后试车，一切恢复正常，怠速很快回落到 750r/min，点火提前角为 11°左右，怠速电机步数为 21，故障解决。因为跨接线存在风险，因此更换发动机电脑板。

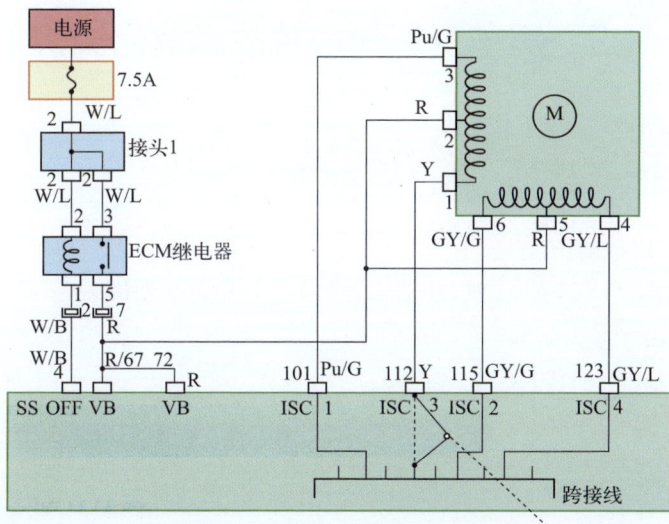

图9-1-8 日产发动机电脑电路

更换发动机电脑板后，故障排除。

9.1.15　冷车启动困难

（1）故障现象

某现代索纳塔轿车冷车启动困难，热车启动正常。

（2）故障诊断与排除

经过常规检查，发现怠速电机始终固定在一个位置，进一步检测发现，怠速电机四组线圈中三组开路只有一组符合技术要求，实测电阻为30Ω左右，进一步检测发现缺少两路电机驱动信号。

拆开电机，发现电机内部严重腐蚀，线圈与插脚连接点开路，更换怠速电机后试车，故障依旧。

接着检查相关的线路，未发现异常，当检查到发动机电脑板时，有轻微的烧焦味，于是对发动机电脑板进行拆盖。

打开发动机电脑板，发现一个 SIP 封装的标记为 M5269L 的芯片已经破损、开裂，此芯片旁边的线路板上也满是焦痕，与之相连接的线路有部分短路，芯片引脚与线路板相连接的铜孔及孔外侧的线路板也因温度过高而炭化。

更换怠速电机，因发动机电脑板炭化严重，必须更换，将两个零件更换并进行匹配后试车，故障排除。

9.2　汽车变速器芯片故障诊断案例

9.2.1　自动变速器二挡升三挡冲击

（1）故障现象

某帕萨特轿车在行驶过程中，二挡升三挡时冲击比较明显，其他挡位的换挡感觉都比较平顺。

（2）故障诊断与排除

首先使用电脑诊断仪对车辆进行系统检查，进入 02 自动变速器系统，无故障码存储，进入 01 发动机控制系统检查，有关于"J338 节气门控制组件"的故障码存储，但该故障码怎么也清除不掉。更换新节气门体后，进行基本设定，该故障码不再出现。但二挡升三挡冲击故障现象依旧。

接着对变速器进行油质的基本检查，发现 ATF 油质良好，无异味。自动变速器运行过程中由控制单元监测到变速器转速传感器的输入信号，然后根据此信号及节气门开度信号等作为参考，计算出换挡时刻，继而控制阀体上的 7 个电磁阀，实现换挡过程。

使用电脑诊断仪对变速器系统进行数据流分析时，发现 02 组数据流的电磁阀实际供给电流值显示为 1.916A，数值始终保持不变，而电磁阀额定供给电流值显示为 0.65A，并随着挡位的变化而变化，两者差异较大。两个电流值应当在各种工况下都保持一致，正常情况下应在 0.2 ~ 1A 范围内变化。由此可判断出自动变速器控制单元输出电流信号不正常。当检查到变速器电脑时，发现车辆之前被雨水浸泡过，而变速器控制单元恰好就位于乘客侧地板下面。

更换变速器控制单元后，故障排除。

9.2.2　自动变速器起步冲击

（1）故障现象

某帕萨特轿车挂入 D 挡时，有时起步冲击，有时无法行驶。

（2）故障诊断与排除

❶ 连接电脑诊断仪对自动变速器系统进行检测，电脑诊断仪显示自动变速器 ECU 无应答，无法进入自动变速器系统，这时还发现仪表盘上的挡位显示部分全部是黑屏。

❷ 根据上述检查，可以断定该自动变速器 ECU 已经进入应急状态，即俗称的"锁挡"。过了几分钟后，仪表盘上的挡位显示又正常了，但电脑诊断仪还是无法进入自动变速器系统，因此可以初步断定故障部位在自动变速器 ECU 上。

❸ 准备拆下乘员座脚垫下的自动变速器 ECU 进行检查，当掀开车内地板皮时发现自动变速器 ECU 周围全是积水，该 ECU 全部泡在水中。检查表明自动变速器 ECU 已经损坏。

拆下全车地板皮晾晒，清除地板上的积水后将自动变速器 ECU 进行了更换，更换后原地可以将变速杆挂入各挡位，仪表盘上的挡位显示正常。对该车进行路试，自动变速器换挡正常，故障彻底排除。

9.2.3　自动变速器挂挡冲击大

（1）故障现象

某奥迪 A6 轿车无论是挂上前进挡还是 R 挡，换挡冲击力都很大。

（2）故障诊断与排除

从挂挡过程看，无论挂到哪个挡位，如"D""R""P"等，仪表挡位显示灯全都不亮。这种情况有两种故障原因：一是自动变速器至仪表信号线断路或短路；二是自动变速器控制单元 J217 损坏。因为自动变速器具有应急状态功能，也就是俗话说的具有"电控锁挡"功能。

当自动变速器控制单元 J217 出现故障后，自动变速器将进入应急状态，自诊断系统将记录"电压信号太弱""电压信号对地短路"或"控制单元损坏"等信息，组合仪表板上的挡位显示将变暗或所有挡位显示全亮。

在应急状态且控制单元正常工作时，组合仪表上的挡位显示全亮，变速杆锁止功能有效。在应急状态且控制单元有故障时，组合仪表板上的挡位显示均变暗，变速杆锁止功能失效。

使用电脑诊断仪进入自动变速器电脑自诊断系统，显示关于自动变速器故障码，内容为：a.电源电压过低；b.换挡开关线路短路或断路；c.制动灯开关 F 接地。

检查变速器控制单元线路，将自动变速器电脑拆下，发现插座针脚有的已有绿斑和氧化物（白粉），用清洗剂冲净除锈，再用吹风机吹干，装复后，挂挡路试，仪表板上挡位灯显示正常，每个挡位都能准确显示。至此，故障排除。

9.2.4 自动变速器偶尔锁挡

（1）故障现象

某宝马 525i 轿车偶尔无法提速，自动变速器启动紧急运行模式，把变速器锁在 3 挡。

（2）故障诊断与排除

❶ 使用电脑诊断仪读取故障码，内容为：电磁阀共用搭铁线断路或短路。

❷ 拔下变速器控制模块插头，对着线路用万用表逐个进行测量（图 9-2-1）。测量结果为：48 和 54 号脚对应第一电磁阀 A，阻值为 20Ω；43 和 54 号脚对应第二电磁阀，阻值为 21Ω；45 和 54 号脚对应制动带电磁阀，阻值为 20.5Ω；38 和 54 号脚对应 TCC 电磁阀，阻值为 20Ω；40 和 41 号脚对应主油压电磁阀，阻值为 6Ω；22 和 17 号脚对应油温传感器，阻值为 1.8kΩ；以上阻值和各挡位开关信号及转速信号都正常；又测量了电源和搭铁线，也都正常。

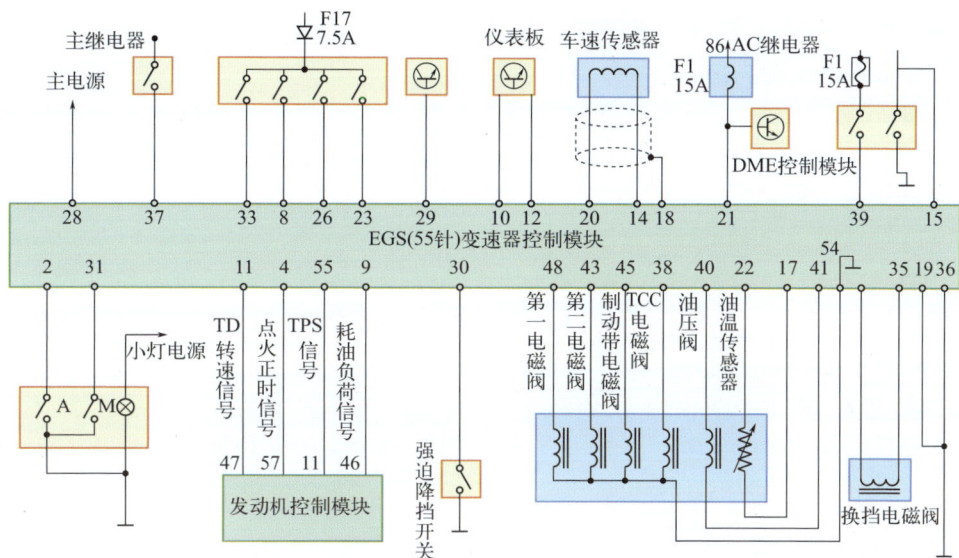

图9-2-1 宝马525i自动变速器电路

❸ 电源电路和电磁阀都没问题，再次对线束及插头进行检查。

❹ 在检查变速器插头接线时，无意中把一根线从插头那里拉出了半截，原来是这条线的故障。由于接触不良，一旦受到振动，触点就会瞬间断开一下，控制模块马上记忆故障码并且锁在3挡，造成无法提速的故障，但熄火后再着车时又检测到电磁阀和线路是正常的，所以控制模块就会把上一次检测的故障记忆下来，并按照当前检测正常范围进行正常换挡。

对变速器控制单元插头线束进行重新固定后，故障排除。

9.2.5 自动变速器的故障灯持续闪烁

（1）故障现象

某雪铁龙赛纳自动变速器轿车，车辆的换挡杆被锁止，自动变速器故障灯持续闪烁。

（2）故障诊断与排除

❶ 先检查制动灯开关的状态及制动灯开关至自动变速器控制单元的信号脚的情况，一切正常，排除了由于制动灯信号及其线路断路造成换挡杆锁止电磁阀不能工作的故障。

❷ 检查换挡杆锁止电磁阀的工作电路及控制电路。用万用表的欧姆挡测量座舱熔断器的 F5 号脚电阻，线路正常；用万用表的电压挡测量点火开关

打开且换挡杆处于 P 挡，换挡时自动变速器控制单元 11 号脚的电压，其测量值为 0，而其正常值应为 12V。

❸ 对换挡杆锁止继电器进行检测，发现其 1 号脚和 2 号脚电阻值正常。

❹ 继续检查制动灯开关信号电路，发现制动灯开关至自动变速器控制单元的信号脚（第 16 号脚），在踩下制动踏板时应为 0，但是测量值为 12V，说明该信号线路有断路现象。

❺ 检查相关线路发现，制动灯开关的插接器接触不好，重新接上后，油压值恢复正常。踩下制动踏板后，换挡杆可以从 P 挡位置正常脱开，车辆的换挡杆被锁止的故障排除。

❻ 使用电脑诊断仪对自动变速器系统进行诊断，发现在进行整体测试时，诊断仪根本无法进入自动变速器系统，对 BSI（智能控制盒）进行故障读取，为自动变速器通信故障，这一切都说明自动变速器控制单元与 BSI 和 16 路诊断接头的联系出现了问题。

❼ 使用万用表对自动变速器控制单元各脚进行电压、电阻值的测量，从而与正常情况下各脚的相关值进行比对，进而找到问题所在。

❽ 经过对自动变速器从 1 ～ 56 号脚的电压进行逐个测量后发现，29、30、38、39、56 号脚的电压存在异常情况，测量值分别为 1.9V、2.0V、1.9V、2.0V、0（点火开关打到 M 位）。而正常情况下相关电压分别为 2.4V、2.6V、2.4V、2.6V、12V。

❾ 由此发现相关电路存在异常，对自动变速器控制单元的内阻进行测量，发现阻值正常，分别断开 BSI 和控制单元，对其相应的终端电阻进行测量，阻值分别为 123Ω 和 126Ω，说明相关的 BSI 和控制单元工作正常。

❿ 测量自动变速器控制单元的 29、30、38、39 号脚的线路，没有发现断路及短路的现象。查看相关电路图，56 号脚为自动变速器的常供电脚，其电压值应始终为蓄电池电压，检查给 56 号脚供电的线路，发现 PSPI 发动机舱熔断器中的 G6 脚电压为 0，检查其负责控制 G6 号脚的 F5 熔丝，发现其已经熔断，更换一个新的 10A 的熔丝，测量 56 号脚的电压，其值达到了 12V。

a. 自动变速器换挡杆被锁止，是因为换挡杆锁止继电器的 1 和 2 号脚断路，且制动灯开关信号线接触不良，导致自动变速器控制单元不能让换挡杆锁止继电器 3 和 5 号脚接通，换挡杆锁止电磁阀不能正常工作，所以变速器换挡杆不能从 P 挡脱开。

b. 自动变速器故障灯闪烁，是由于自动变速器的常供电脚（56 号脚）的线路中的熔丝断路，导致其失去常供电电源。自动变速器控制单元的 CAN 线路电压偏低且与 16 号诊断接头的联系中断，导致自动变速器控制单元不能

图解汽车芯片技术

工作，造成此故障。

更换 10A 的熔丝，使用电脑诊断仪删除故障码后，故障排除。

9.2.6 自动变速器三挡升四挡时打滑

（1）故障现象

某本田雅阁轿车自动变速器三挡升四挡时打滑。

（2）故障诊断与排除

❶ 试车时发动机转速到 2300r/min 以上才升挡，稍踩重一点加速踏板，就要在 3000r/min 以上才升挡，在三挡升四挡的瞬间发动机空转，转速突然上升到 3500r/min 以上，再降到 2800r/min 左右，即有明显的瞬间打滑现象。

❷ 检查变速器油量，正常，油质有点焦味，但无杂质，经检查是由于较长时间未更换自动变速器油导致。

❸ 行驶时车速表指示正常，说明车速传感器正常。

❹ 做失速试验，"D4" 挡、"D3" 挡、"1" 挡、"R" 挡失速转速均为 2400r/min 左右，正常。"2" 挡失速转速也正常，脱开换挡电磁阀插头，在 "D4" 挡或 "D3" 挡做失速试验，结果失速转速也正常。

❺ 由于换挡过迟，在车速表指示正常的情况下，当然是首先检查节气门位置传感器信号。在节气门位置传感器处测量，怠速时信号电压为 0.45V，全开为 4.4V 左右，且随着节气门开大平稳变化，正常。节气门位置传感器信号为发动机电脑与自动变速器电脑共用，在传感器处测量正常，并不一定说明到自动变速器电脑处的信号正常，于是在自动变速器电脑 22 针线束端子 D7 号脚处测量，良好。检查电磁阀阻值，主轴转速传感器、副轴转速传感器均正常，检查 "s" 换挡程序开关，也正常。拆开变速器控制电脑盖板，目视未发现异常。

❻ 顶起两前轮，启动发动机，置于 "D4" 挡运行，结果同路试一样换挡过迟，三挡升四挡瞬间打滑，故障依旧。置于 "D3" 挡运行，加速到 70km/h 左右，将变速手柄迅速推到 "D4" 挡，结果在换入四挡瞬间仍有打滑现象。在 "D4" 挡运行并使之保持在三挡，迅速断开两个换挡电磁阀插头，结果自动变速器能迅速换入四挡而无瞬间打滑现象。可基本断定故障仍在电控部分，而不是换挡电磁阀及其油路控制阀体、执行元件动作缓慢的原因造成的。

❼ 进行路试，置于 "1" 挡起步，保持发动机转速为 2000r/min，手动换至 "2" 挡，可迅速升至二挡，正常；再由 "2" 挡推至 "D3" 挡，发现不能迅速进入三挡，而需加速到 2800r/min 左右才能升至三挡，再推至 "D4" 挡，

也不能迅速进入四挡，而需加速到 3000r/min 左右才能换到四挡，且升四挡瞬间有打滑现象。操纵"s"换挡程序开关，使"S"挡灯亮即进入"运动"程序换挡模式，结果换挡更迟。拔下换挡电磁阀插头，置"2"挡起步，在 2000r/min 左右推至"D3"挡，即人为使它由二挡直接换到四挡，结果发现可立即进入四挡而无瞬间打滑现象。这些说明自动变速器电控部分存在故障，自动变速器电脑有故障的可能性很大。

⑧ 插好电磁阀插头，清除故障码，继续试车，发现高速行车时液力变矩器一直未进入锁止工况，因为在四挡 80～90km/h 时迅速踩下加速踏板，发动机转速会明显升高几百转而车速不变。可能原因是电脑损坏导致换挡过迟，换挡瞬间打滑以及无锁止现象。

⑨ 再次顶起汽车，在锁止电磁阀接线处并联两个 LED 灯，加速至 80～90km/h 时发现 LED 能亮。拔下锁止电磁阀插头，测量电磁阀电阻，正常。变速杆置于"D4"挡，踩住制动踏板，此时对锁止电磁阀直接通电，电磁阀能发出动作声音，但发动机转速只微微下降一点，并不抖动或熄火，在通电的同时，将变速杆由"D4"挡退回"N"挡，变速器内部也没有发出"卡啦啦"的声音，这些说明液力变矩器确实不能锁止，可能是液力变矩器锁止离合器本身不良或锁止油路控制不良。

⑩ 首先排除升挡太迟及换挡瞬间打滑的故障。对自动变速器电控线路做彻底检查，冷却液温度信号、节气门位置信号、车速信号、发动机转速信号、电磁阀线路、电脑电源、搭铁线路均良好，于是断定自动变速器电脑有故障。

更换自动变速器电脑，试车，发动机转速在 2000r/min 左右就升挡，也无瞬间打滑现象，换挡品质良好，自动变速器故障排除。

9.3 汽车车身芯片故障诊断案例

9.3.1 电动玻璃升降及电动后视镜失灵

（1）故障现象

某大众宝来轿车电动玻璃升降及电动后视镜全部不起作用。

（2）故障诊断与排除

❶ 检查四个车门升降机，都不起作用，且打开示廓灯时按键指示灯也不亮。首先怀疑升降玻璃控制器的熔丝烧断，测得熔丝正常。

❷ 拆下左前门内饰，测左前玻璃升降控制器，有电源，有搭铁。

❸ 更换控制器及升降器开关后故障依旧。

❹ 使用电脑诊断仪对"46"舒适系统进行检测，但无法进入该系统。

于是更换舒适系统控制单元，该控制单元位于仪表下部，检测仍然无法进入该系统。

由电路图可知，各控制单元都有"BUS"线与防夹控制单元（即仪表总成）相连，于是从地址码17查得故障为"数据线BUS线对地短路"。

❺ 使用万用表测左前升降机控制器插头的两根"BUS"线均搭铁，阻值均为0.01Ω，再测量其他3门的"BUS"线同样搭铁，正常。

❻ 将仪表台拆下，在副气囊前横梁上的线束中找到四个车门的"BUS"线接头。维修手册中规定严禁断开"BUS"线，但如果不断开各门的"BUS"线则无法测出是哪一个门搭铁。仔细看"BUS"线接头，它是用压力钳压紧的，用小刀将该接点撬开，"BUS"线在此分为五组，每组两根，一组到仪表，另外四组分别到四个门控制器，对每组分别进行检测，结果发现左后门"BUS"线搭铁。拆检左后门该条"BUS"线得知，原来在加装后门喇叭时"BUS"线被紧固喇叭的螺栓紧固在车门板上，造成搭铁。

将"BUS"线剥离，重新用防水胶布包扎好，对"BUS"线总接头用砂纸打磨后，再用电烙铁焊好，包扎，全部恢复完毕。使用电脑诊断仪进入"46"舒适系统，无故障码，电动玻璃及后视镜完全正常，打开示廓灯，各指示灯都亮。至此，故障排除。

9.3.2 遥控失灵

（1）故障现象

某大众宝来轿车遥控不起作用。

（2）故障诊断与排除

检查遥控钥匙电池，有电，机械开、关车门正常，能够正常启动着车。使用诊断仪读取故障码，发动机系统（01）无故障存储，舒适系统（46）有1个故障码，内容为错误的钥匙程序设计，依据此故障码判断可能舒适系统控制单元有问题。清除故障码后使用电脑诊断仪进行遥控器匹配（宝来遥控钥匙匹配需使用诊断仪），按键1s以上，没有开关动作也无提示音说明匹配无效，最后确定舒适系统控制单元损坏。

更换控制器后能正常遥控，故障排除。

9.3.3 发动机不能启动

（1）故障现象

某大众帕萨特轿车，发动机只能运转 2s，然后便自动熄火。

（2）故障诊断与排除

根据故障现象判断，车辆是进入了防盗状态，但防盗指示灯却没有闪亮。由于该车型的防盗控制单元与组合仪表合为一体，因此首先使用电脑诊断仪进入地址 17，然后进入 02 功能查询故障。在用电脑诊断仪没有查到故障的情况下，考虑到钥匙可能被外界磁场消磁，判定为控制单元损坏。但组合仪表不允许解体修理，只能更换仪表总成，更换后故障消失。

9.3.4 空调压缩机不工作

（1）故障现象

某奥迪 A6 轿车空调压缩机不工作。

（2）故障诊断与排除

❶ 使用电脑诊断仪进行测试，发现有 4 个故障码，但是其中只有 1 个无法清除，该故障码所代表的故障内容是环境温度传感器对地短路或断路。

❷ 检查该传感器的接地线和参考电压，接地线良好，而参考电压为 11.8V（正常值为 5.0V）。为了便于查出故障原因，找来该车型的电路图。

❸ 由电路图发现为环境温度传感器提供参考电压的导线颜色为棕 - 黄色，而在该车上为棕 - 紫色，所以怀疑在整理该事故车的线路时将其导线侧连接器连接错了。

❹ 为查找故障原因，将发动机散热器附近的所有导线连接器重新检查一遍，最后发现环境温度传感器导线侧连接器与发动机盖锁止开关侧连接器错接。原来这两个连接器形状一样，并且相邻，维修工将这两个连接器错接。

❺ 再次使用电脑诊断仪查询故障信息，无故障码显示。

❻ 启动发动机并接通空调开关后试车，但空调压缩机仍然不工作。

❼ 使用电脑诊断仪进行执行元件测试，结果空调压缩机可以工作，这说明空调压缩机线路及空调控制面板良好。

❽ 为了彻底排除空调面板的原因，将该车的空调面板装在同型号的另一辆车上试验，结果工作正常。

看来还是某个信号未进入空调面板。

❾ 接下来查看数据流，发现发动机转速信号数值是 0，显然不正常。既

然发动机正在工作，它的数值应是发动机的转速，估计发动机电控单元与空调面板之间的数据线出了问题。

⑩ 按照此思路检查相关线路，将发动机室左后侧的 ECU 盒盖拆开，拔掉 ECU 的导线侧连接器，经测量发现有 1 根绿 - 蓝色的导线不导通。

⑪ 顺着此线查到 ECU 后面的 1 个黑色导线连接器，拔掉该导线连接器后发现其中有一个端子被插错了位，该端子刚好和绿 - 蓝色导线相通。

于是将其修复后试车，空调压缩机工作了，再查看数据流，发动机转速为 780 r/min，故障排除。

9.3.5 冷却风扇常转

（1）故障现象

某奥迪 A6 轿车开关钥匙（点火开关）时冷却风扇均无法停止转动。

（2）故障诊断与排除

检查了冷却液温度、空调开关状态，均正常。

能够影响风扇常转不停的因素为冷却液热敏开关电路断路或短路、空调压力开关电路断路或短路、风扇继电器触点粘连等。

查阅该车的风扇控制电路图（图 9-3-1），在发动机舱左前照灯下面找到该控制器。按电路图中各条线作用及控制方式进行测量，确定外围电路没有问题后，拆开更换下来的旧控制单元，发现内部存有积水，导致控制单元短路，使风扇常转不停。

更换风扇控制单元后，故障排除。

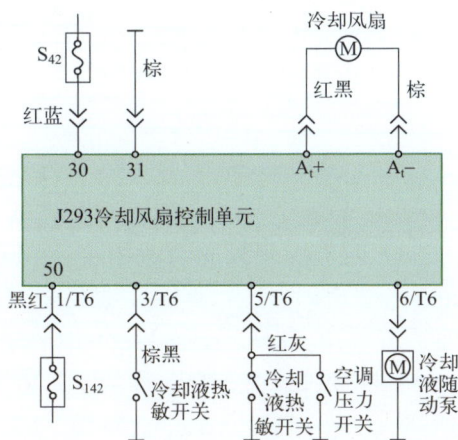

图 9-3-1 某奥迪 A6 冷却风扇控制电路

9.3.6 中央门锁故障

（1）故障现象

某别克赛欧轿车中央控制门锁系统的上锁和开锁功能均正常，但用钥匙在左前门进行中央控制锁止时，其右前门和两后门均无法进入锁止状态。

（2）故障诊断与排除

各门锁电动机的上锁过程、开锁过程和左前门进行中央控制锁止时的控制电流回路，以及锁止信号的电流回路如下（图9-3-2）。

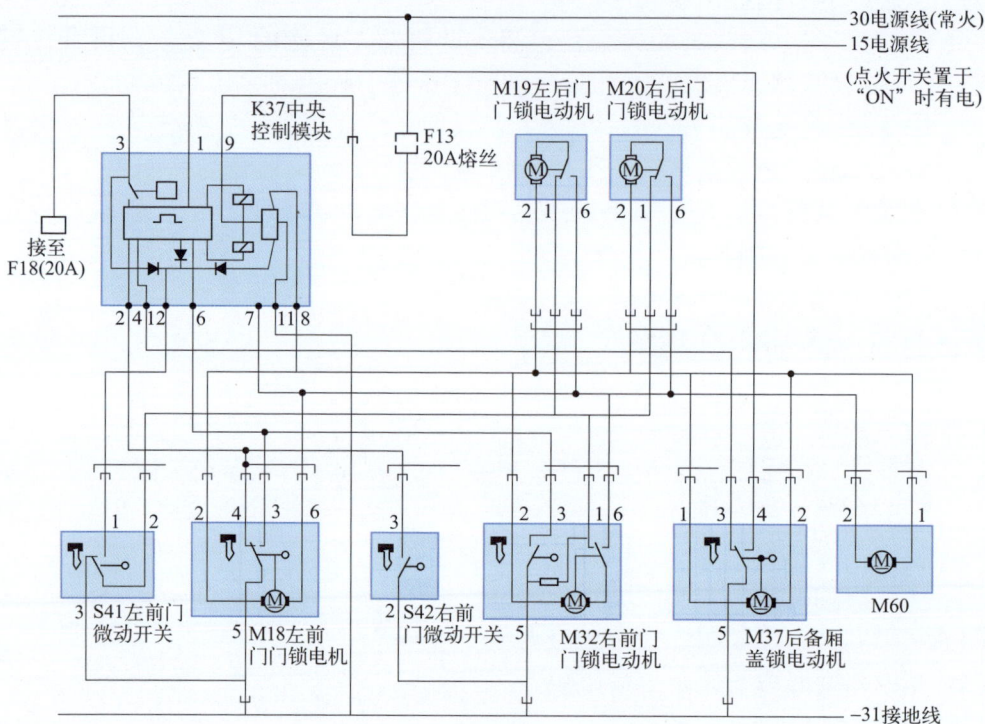

图9-3-2　某别克赛欧中央门锁电路

上锁过程的控制电流回路：30电源线→熔丝F13 → K37的端子9 → K37的端子7 → M18、M19、M20、M32的端子6和M37的端子1 → M18、M19、M20、M32和M37的端子2 → K37的端子8 → 37的端子11 →搭铁。

开锁过程的控制电流回路：30电源线→熔丝F13 → K37的端子9 → K37的端子8 → M18、M19、M20、M32和M37的端子2 → M19、M20、M32、M37的端子1和M18的端子6 → K37的端子7 → K37的端子11 →搭铁。

在左前门进行中央控制锁止时的控制电流回路：30电源线→熔丝F13 → K37的端子9，然后分两路。一路是：→ K37的端子12 → S41的端子1 → S41的端子2 → M19、M20和M32的端子1 → M19、M20和M32的端子2 → K37的端子8 → K37的端子11 →搭铁。另一路是：→ K37的端子7 → M18的端子6和M37的端子1 → M18和M37的端子2 → K37的端子8 → K37的端子11 →搭铁。

锁止信号电流回路：K37的端子12 → S41的端子1 → S41的端子2 → M19、M20和M32的端子1。然后分两路，一路是：→ M19、M20和

M32 的端子 2 → K37 的端子 8 → K37 的端子 11 →搭铁。另一路是：→ M32 的端子 5 →搭铁。

从以上电路和故障现象分析可做如下判断。

❶ 上锁过程的控制电路和开锁过程的控制电路都正常，因为中央控制门锁系统的上锁和开锁功能均正常。

❷ 锁止信号电路和左前门、后备厢上锁过程中的控制电路也正常，因为用钥匙在左前门进行中央控制锁止时，只有两后门和右前门无法锁止。

❸ 中央控制模块 K37 的端子 12 与端子 7 之间的一段电路出现故障的可能性较大，因为除这段线路外，其他线路都可根据故障现象判为正常。

根据以上分析和判断，K37 的端子 12 与端子 7 之间的二极管有可能损坏。为进一步确认，用万用表测量二极管的单向性，发现开路，从而证明以上判断正确。更换中央控制模块 K37，故障排除。

9.3.7　气囊故障指示灯常亮

（1）故障现象

某奔驰 S320 轿车仪表盘上 SRS 故障指示灯常亮。

（2）故障诊断与排除

该车为事故车，维修时更换了包括头部安全气囊在内的 8 个安全气囊和 SRS ECU 后，SRS 故障指示灯仍常亮。

❶ 使用电脑诊断仪读取故障码：B1321（左前安全带张紧器开关故障）和 B1322（右前安全带张紧器开关故障）。

❷ 查阅资料得知出现上述 2 个故障码的原因一般为编码错误，于是就从 SRS ECU 开始检查。当安全气囊引爆后更换 SRS EGU 时牵涉新旧 SRS ECU 的匹配问题，其中的关键是必须输入车辆的 17 位编码（VIN 码），匹配中还要求"是否带 SOS 及是否为美国、加拿大车款"等内容必须与旧 SRS ECU 的信息一致。上述操作中只有车辆的 17 位编码要通过专用仪器输入，经过反复确认后新的 SRS ECU 才会记忆，其他内容为选择项（yes/no），如不选择，SRS ECU 则按照其初始值记忆。

❸ 对比新旧 SRS ECU 的车辆号和其他内容，发现对其中的 1 项"是否为英国、加拿大车"，旧 SRS ECU 的选择为"no"，新 SRS ECU 则为"yes"。

换上新的 SRS ECU，并对各选择项的选择改变为与旧 SRS ECU 的选择一致后，再次进行匹配，清除 SRS ECU 中的故障记忆，SRS 故障指示灯熄灭，故障排除。

9.3.8　暖风不热

（1）故障现象

某奔驰 S320 轿车空调没有暖风。

（2）故障诊断与排除

❶ 使用电脑诊断仪检测，在空调系统数据流中，第一页显示室内温度 42℃，室外温度 12℃，冷却液温度 87℃，蒸发器温度 7℃，左右热交换器的温度在 15℃左右，从以上读数中可以看出，是室内温度传感器故障。

❷ 用热风枪对此传感器进行加热，电脑诊断仪的数据流中有反应，换用 10kΩ 电位器进行模拟检查，可调节的最低温度为 32℃，再调节温度会立刻跳到 46℃左右，经过上面的检查得出一个结论，空调电脑接收到过高的车内温度信号而切断转换水阀，导致暖风不正常。

❸ 拆解空调电脑，主要芯片为 T158009、PCA82C200T、PC74HC4051T、HCOOA、HC4066。

❹ 找到室内温度传感器的进线端，沿线检查，发现连线经电阻缓冲后接入一个模拟开关 PC74HC4051T，此芯片为 8 路输入、1 路输出，考虑到其余几路传感器信号基本正常，也就是说公共通道没有问题，那么出问题的只能是温度传感器到模拟开关的传输线路上，或者是模拟开关本身。

❺ 对输入的阻容元件进行检测，正常，问题最后落到了 PC74C4051T 上。用一块摩托罗拉的 HC4051 进行替换，装复后试车，故障排除。

9.3.9　座椅无法调整

（1）故障现象

某奔驰 C220 轿车座椅无法调整。

（2）故障诊断与排除

检查该车时发现转向灯不亮，前风窗玻璃刮水器不动作，燃油表不显示，接通点火开关时仪表盘上的各警告灯不工作，尾部小灯常亮，后排座椅头枕无法调整，用遥控器无法打开后备厢，发动机在低温时冷却风扇做高速运转。

使用电脑诊断仪进行系统扫描，得到了以下结果。

❶ SAM-F（前多功能控制单元）故障内容。

a. B1017——右前照灯 E1、转向灯 E2e8 故障。

b. B1018——左前照灯 E1、左前停车灯 E2es 故障。

c. B1032——输入信号（15R 信号）不正常。

d. B1025——输入信号（15 信号）不正常。

e. B1028——左前熔断器输入／输出控制模块组与 REARSAM（后多功能控制单元）熔断器输出模块组 CAN 网络故障。

f. B1046——未规范的故障。

❷ ESA-R（前乘员侧电动座椅调节）控制单元故障内容。

a. B1853——REAR SAM 与 CAN 通信故障。

b. B1850——前乘员侧车门控制模块组与 CAN 通信故障。

❸ ESA-L（驾驶员侧电动座椅调节）控制单元故障内容。

B1206——REAR SAM 与 CAN 通信故障。

❹ ICM（仪表控制单元）故障内容。

B110A——ICM 仪表与 REAR SAM 熔断器输入／输出模块组 CAN 网络故障。

现在的故障很明显是两个 ESA 控制单元均已损坏；转向灯、仪表盘上的警告灯、前风窗玻璃刮水器和冷却风扇的运转是受 SAM-F 控制的；后排座椅头枕、燃油表和尾部小灯则是由 REAR SAM 控制的。

更换 SAM-F、两个 ESA 控制单元和 REAR SAM 后，故障排除。

9.3.10 安全气囊故障灯点亮，喇叭不工作

（1）故障现象

某雪铁龙赛纳轿车安全气囊故障灯点亮，同时喇叭不工作。

（2）故障诊断与排除

使用诊断仪检测安全气囊控制单元，故障内容如下。

❶ 驾驶员点火器模块 1 故障（本地），检测类型：断路。

❷ 驾驶员点火器模块 2 故障（本地），检测类型：断路。

此处的驾驶员点火器模块即驾驶员安全气囊，故障码无法删除。

使用电脑诊断仪检测转向盘转换模块 COM2000，无故障。进入转向盘转换模块 COM2000 的"参数测量"中的"喇叭控制"，按动转向盘上与驾驶员安全气囊总成一体的喇叭开关，发现喇叭状态仍为"不运作"，且喇叭插头处无供电，检查控制喇叭供电的 BSM 发动机控制单元也无供电，其熔丝均完好。

分析：当驾驶员按下喇叭开关时，转向盘转换模块 COM2000 接收该指令并过滤转向盘转换模块状态，然后通过 VAN 车身 1 网络将开关状态传给智

能控制盒 BSI，BSI 通过 VAN 车身 1 网络控制 BSM 给喇叭供电，安全气囊控制单元则通过转向盘转换模块 COM2000 来监控驾驶员安全气囊。

由于两个故障同时出现，而各自的线路均经过转向盘下的转向盘转换模块 COM2000，分析可能为转向盘转换模块 COM2000 故障。拆下驾驶员安全气囊总成，发现它与转向盘转换模块 COM2000 有三个插头连接，分别为安全气囊的两个插头和喇叭开关的一个插头。由于转向盘转换模块 COM2000 无法拆开，因此测量无法进行。

更换转向盘转换模块 COM2000 后，使用电脑诊断仪删除故障码，安全气囊故障灯熄灭，喇叭恢复正常，故障排除。

9.4 汽车底盘芯片故障诊断案例

9.4.1 ABS 起作用时反应太剧烈

（1）故障现象

某捷达轿车防抱死制动系统起作用时反应太剧烈，制动踏板特别顶脚。

（2）故障诊断与排除

❶ 使用电脑诊断仪测试，无故障码储存。解除防抱死电控系统，故障消失，说明故障在防抱死制动系统，基本制动系统正常。

❷ 使用电脑诊断仪测量数据块，结果四个车轮轮速升降基本相同且大致同步，由此基本确定四个车轮轮速传感器问题不大。

首先做基本检查：制动液油位；油管接头；主缸功能；电子液压控制单元的电源线、接地线；发电机及蓄电池电压；各部件连线。然后对轮速传感器电阻、输出信号电压及传感器间隔都进行了检测。以上检查未发现问题，基本可以确定是电子液压控制单元（ECU）故障。更换 ECU 后，使用电脑诊断仪编码后将 ABS 模块内部的空气排出，一切正常。

9.4.2 ABS 灯常亮

（1）故障现象

某大众宝来轿车 ABS 指示灯常亮。

（2）故障诊断与排除

使用电脑诊断仪对 ABS 控制系统进行检测，有故障存储，故障码为

01486，无法清除。

而此故障码的含义为：ESP 系统检测启动。ESP 检测启动通常都是路试时检测 ESP 元件的可靠性的，包括转向盘转角传感器 G85、横摆速率传感器 G202 及制动压力传感器 G201，当出现这个故障码时表明 ESP 系统检测没有完成。另外，ESP 系统检测启动多是在更换 ESP 部件后才需要做的基本设定（03-04-093）。

对与 ESP 系统相关的部件进行了检测、读取数据，结果是各元件均是正常的，G85、G201、G200（横向加速度传感器）都能做零点平衡。但是重新做路试设定时仍无法清除故障码。对 ABS 控制单元断电，多次启动着车都未能使 ABS 灯熄灭，重点怀疑是 ABS 总成内部问题。

更换 ABS 总成后，故障排除。

9.4.3　ABS 液压泵电动机不工作

（1）故障现象

某大众宝来轿车 ABS 故障指示灯点亮。

（2）故障诊断与排除

使用电脑诊断仪读取 ABS 的故障码，内容为液压泵电动机不能工作。然后根据故障码的含义对液压单元和液压泵电动机电路做下列检查。

❶ 检查液压泵熔丝是否正常。

❷ 使用电脑诊断仪对液压单元和液压泵电动机进行故障诊断。

❸ 在从 ABS 的电子控制单元上拔下液压泵电动机导线侧连接器后直接给液压泵电动机施加蓄电池电压时，检查液压泵电动机是否有运转声音。

如果检测表明液压泵熔丝正常，则使用电脑诊断仪对液压单元和液压泵电动机进行故障诊断时液压泵电动机应无运转声音（其他检测项目均正常），而对液压泵电动机直接施加蓄电池电压时液压泵电动机有运转声音，否则说明电子控制单元有故障（电子控制单元不能对液压泵电动机进行控制）。

❶ 按规定步骤把 ABS 控制器从 ABS 控制器支架上拆下来。

💡 注意：在拆下制动油管后应该及时用密封塞塞住 ABS 控制器上的开口部位，不可让灰尘或杂物进入 ABS 控制器。

❷ 将 ABS 电子控制单元与液压单元及液压泵分离，并用不起毛的布盖住液压单元及液压泵。

❸ 用手锯小心地沿封装线把 ABS 电子控制单元的塑料盒锯开，并撬开塑料盒的一侧。

💡 **注意：** 在锯塑料盒的过程中切不可损坏 ABS 电子控制单元电路板的电路。

❹ 仔细观察 ABS 电子控制单元电路板电路，这时可以观察到整个线路和元件的颜色光亮如新，但是 ABS 电子控制单元侧导线连接器上连接液压泵电动机的端子与 ABS 电子控制单元电路板电路的焊接处发生了脱焊现象。

❺ 用电烙铁粘焊锡后将脱焊处焊牢。

用玻璃胶将塑料盒粘接好后装复 ABS 控制器，然后按规定步骤将 ABS 控制器装到 ABS 控制器支架上。连接好制动油管，排除制动系统中的空气。使用电脑诊断仪对 ABS 电子控制单元清除故障码后，故障排除。

9.4.4　ABS 灯突然亮起

（1）故障现象

某大众帕萨特轿车 ABS 灯突然亮起。

（2）故障诊断与排除

使用电脑诊断仪读取故障码，内容为 ABS 液压泵 V64 信号超差。

需对 ABS 液压泵 V64 针脚进行修复。

将 ABS 控制单元从车上拆下，小心拆掉其侧面四个固定螺栓，将 ABS 控制单元和阀体分开，接下来用刀片将 ABS 控制单元上盖的密封胶清除干净，再利用小扁口螺丝刀沿着边缘慢慢撬开，这一步要特别注意，不可用力过猛，螺丝刀不能伸入上盖太多，否则将会使其内部线路受损。在撬开 ABS 控制单元的上盖后，就会发现故障所在，即在连接 ABS 液压泵 V64 的插座根部存在虚焊现象，将该处用焊锡焊牢后（注意电烙铁一定要可靠接地），用硅酮（聚硅氧烷）密封胶将四周边缘均匀抹一遍，压上上盖，待其充分硬化后，装复即可使用（图9-4-1）。

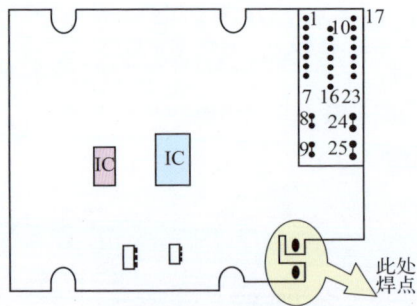

图9-4-1　修复焊点

图解汽车芯片技术

修复 ABS 液压泵 V64 针脚后，故障排除。

9.4.5 ABS 不工作

（1）故障现象

某别克君威轿车 ABS 灯亮。

（2）故障诊断与排除

❶ 使用电脑诊断仪读取故障码，故障码为 C1232——左前轮轮速传感器电路断路或短路。

❷ 检测各导线，并未发现有磨损现象，进而对各端子进行检查，发现接触良好，未有松动。

❸ 对左前轮轮速传感器电路进行测量，断开左前轮轮速传感器插头，量取车轮转速传感器电路电阻为 1048Ω，在规定的 800 ～ 1600Ω 的范围内，故认定车速传感器应无故障。

❹ 进一步对线路进行检测：用万用表测量 EBCM 中的 A10 端子（浅蓝色）与左前轮轮速传感器 A 端子（白色），EBCM 中的 A9 端子（黄色）与左前轮轮速传感器 B 端子（黑色），经检查确认线路良好（图 9-4-2）。

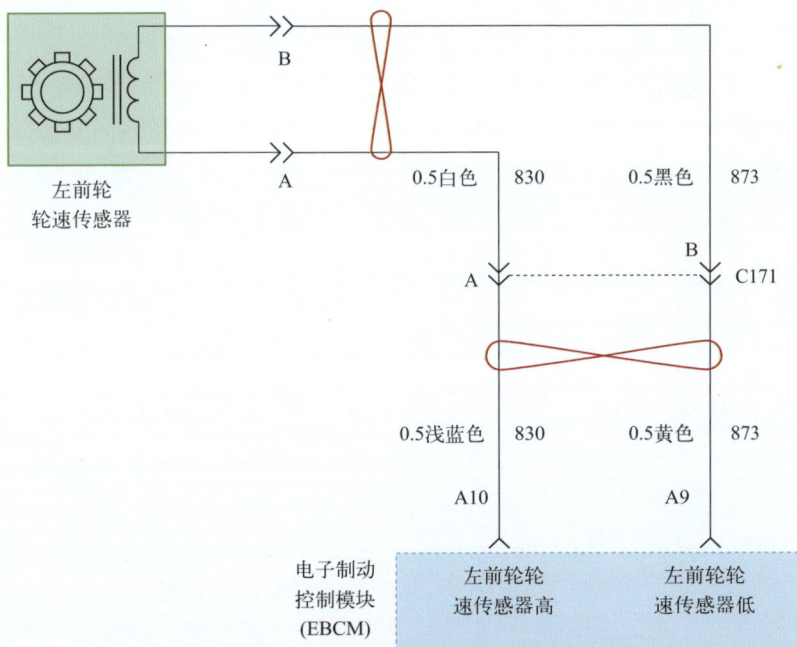

图9-4-2 某别克君威制动系统电路

⑤ 由于上述部件均无故障，因此将同款车型的电子制动控制模块（EBCM）安装到故障车辆上，固定好搭铁线路，再次接通点火装置，ABS灯熄灭。

对 EBCM 进行分解，发现 EBCM 的控制单元里有许多水，从而造成了左前轮轮速电路断路或短路的故障。

更换 EBCM。

更换新 EBCM 需执行下述防抱死制动系统自动排气程序。

① 当排放压力达 205.8 ~ 245kPa 时，在 TECH2 上选择自动排气程序。

② 自动排气程序的第一部分使循环阀和前侧的排气阀工作 2min，循环停止后，TECH2 进入冷却方式，并显示 3min 定时器。定时器超时后，自动控制排气程序中止，不能超越。

③ 在下一步中，要求人员松开排气阀螺栓。然后 TECH2 将循环相应的排气阀和使液压泵电机工作 60s。

④ 对于其他排气阀螺栓，TECH2 将重复上述步骤 3 次。其放气顺序为：右后 - 左后 - 右前 - 左前。

⑤ 当排气阀工具仍然安装在车辆上，并且保持压力为 205.8 ~ 245kPa时，TECH2 将指示操作人员分别打开每个排气阀螺栓大约 20s，这将使得制动器管路中的剩余空气被清除。此次排气的顺序为：右后 - 左后 - 右前 - 左前。

⑥ 完成自动排气程序后，电脑诊断仪将显示相应的信息。然后释放排气工具中的压力，断开与车辆的连接。

⑦ 检查制动总成中的液面高度，使之达到合适位置。

⑧ 对车辆进行路试，确保制动系统在各种情况下均正常可靠。

至此，故障排除。

9.4.6　ABS 故障指示灯常亮，制动防抱死功能失效

（1）故障现象

某别克君威轿车 ABS 故障指示灯常亮，制动防抱死功能失效。

（2）故障诊断与排除

① 使用电脑诊断仪读取故障码：显示左前轮和右前轮轮速传感器信号不良。用示波器检测两轮轮速传感器信号却又正常。

② 根据 ABS 线路图对 ABS ECU 各端子进行检测，发现端子 3 和 33 没

有电源电压。而这两个端子的电源是由 ABS 主继电器提供的，主继电器又是通过 ABS ECU 的端子 34 控制接地来工作的。人为接地后，主继电器工作，电源供应正常。由此可初步判断故障原因是 ABS ECU 没有为主继电器提供接地回路。

❸ 人为提供主继电器的接地后，ABS 故障指示灯熄灭。进行路试，仍然感觉没有制动防抱死功能。重新对 ABS ECU 每个端子进行仔细检测，发现 ABS 液压总成的左后轮进油阀异常，用万用表测量其电阻值，有时显示电阻为 6Ω，有时电阻又变为 523Ω，好像是接触不良。

❹ 拆下 ABS 液压总成电磁阀盖板，发现里面有很多水。电磁阀端子严重生锈，尤其是左后轮进油阀端子已经脱焊，从而造成接触不良。

重新烧焊后，试车，一切正常，故障排除。

9.4.7　牵引力控制系统故障指示灯常亮

（1）故障现象

某别克轿车牵引力控制系统故障指示灯常亮。

（2）故障诊断与排除

❶ 使用电脑诊断仪读取故障码，内容为节气门位置传感器信号错误。

❷ 检查节气门位置传感器和节气门控制单元之间的线路，正常。

❸ 检查节气门控制单元与 EBTCM（电子制动与牵引力控制模块）间的线路，正常。

❹ 接着检测节气门控制单元的电源和搭铁情况，发现该控制单元的端子（与浅蓝 - 黑色导线相连）与搭铁的电压为 12.4V，端子 K（与黑色导线相连）和端子 J（与深绿色导线相连）与搭铁相通，均正常。

❺ 拆开 EBTCM 的外壳检查，没有发现异常之处。接着又对 EBTCM 的电源和搭铁情况进行检查，结果发现 EBTCM 上的端子 38 和 39 间的电压为 0，说明 EBTCM 没有电源。

❻ 检查该熔丝，发现该熔丝已经熔断，为了排除 ASR（加速防滑转）电动机自身的原因，直接给 ASP 电动机供电，并在电路中串联一个电流表。该电动机工作时电流为 12A，正常。

❼ 对该故障进行仔细分析认为，该车是通过控制发动机的输出功率来防止车轮打滑的，与一般车的不同之处是该车不是通过控制辅助节气门开度来控制发动机的输出功率，而是通过直接控制主节气门来实现的。

更换 EBTCM 供电熔丝（25A），清除故障码后，故障排除。

9.4.8　行驶中 ABS/ASR 功能失效

（1）故障现象

某奔驰轿车行驶中 ABS/ASR 功能失效。

（2）故障诊断与排除

仪表上的 ABS/ASR（制动辅助系统 / 加速防滑系统）报警灯点亮，同其他正常的车辆相比，制动较为迟缓。

❶ 检查制动油液面和油质，正常。

❷ 使用电脑诊断仪检测，无法与 ABS 系统通信。诊断仪提示要检查诊断线路、电源线、搭铁线等。

❸ 确认诊断仪及相关诊断线路良好，接下来测试该车的其他系统，如发动机系统，结果正常。

❹ 将 38 针诊断接头中第 8 脚与制动总泵下面的 ABS 控制模块之间的诊断线检查一遍，正常。

❺ 测量 ABS 控制模块的电源线和接地线，将点火开关打到"ON"位置，按照电路图说明：最靠边的 1 个 6 脚插接器上的第 3、4 脚应有电源，第 1 脚应是搭铁线，测量结果正常。

最终，确认为 ABS 控制模块故障。

更换 ABS 控制模块后装车路试，制动系统正常，仪表上的 ABS/ASR 灯工作正常，故障排除。

9.4.9　ABS 电脑插脚短路

（1）故障现象

某福特轿车 ABS 故障灯亮起。

（2）故障诊断与排除

使用电脑诊断仪读取故障码，内容为右后轮轮速传感器故障。

出现故障的原因：

❶ 当车速超过 10km/h 时，没有轮速信号传递给 ABS 控制单元；

❷ 当车速超过 40km/h 时，轮速信号超过标准值；

❸ 传感器存在可识别的断路或对正极、搭铁线短路故障。

检查轮速传感器与 ABS 控制单元的线路连接情况，正常。

检查轮速传感器和齿圈的安装有无间隙，安装位置以及灰尘或杂质污染的情况，正常。

检查传感器外壳、安装情况，正常。

将车辆用举升机升起，使用电脑诊断仪观察显示数据：车轮在静止的时候，各显示区均显示0，用手转动右后轮，第二显示区显示8km/h。又转动别的车轮，观察相对应的显示区，基本一致。

检查右后轮轮速传感器与ABS控制单元之间的线路。根据电路图检查发现，ABS控制单元在24针插头中的第8针有轻微的腐蚀。清理修复，清除故障码、试车，故障排除。

9.4.10　车身高度控制失灵

（1）故障现象

某雷克萨斯轿车车身高度控制失灵。

（2）故障诊断与排除

打开点火开关，仪表板上的高度控制指示灯便闪烁不停。将高度控制开关打向高位控制，压缩电机不工作，车身无变化。将高度控制开关打到正常高度位置，此时没有听到排气的声音。前车身高度比较高，没有下降的变化。由此说明此车的电子悬架控制系统的确失控。

使用电脑诊断仪读取悬架系统故障码，内容为1号电磁阀故障（断路或短路）。

将车举起，在发动机右下侧找到1号电磁阀（前左右两个电磁阀并排），检查线路及两个电磁阀电阻，均为正常。

打开后备厢，在内部左侧找到悬架电脑ECU，在ECU旁空着一个9脚插头，此插头正是检测连接器的插头。

从电路图（图9-4-3）可知，此插头各脚的用途：1号脚为主继电器供火端；8号脚为接地端；7号脚为1号高度控制继电器的控火端（ECU，RCMP）；6号脚为排气阀控火端（ECU，SLEX）；2、3号脚为1号高度控制阀（前左右两轮电磁阀）；4、5号脚为2号高度控制阀（后左右两轮电磁阀）。

进行以下检查。

❶ 将1、2、3、7四脚用导线短接，打开点火开关，此时压缩机开始工作，明显看到前两轮气袋充气，前车身随之升高。由此说明压缩机及1号高度控制继电器和1号高度控制阀均良好。

❷ 将1、2、3、6四脚短接，此时可以听到排气阀排气的声音。随之前车身开始下降，由此说明排气功能也正常。

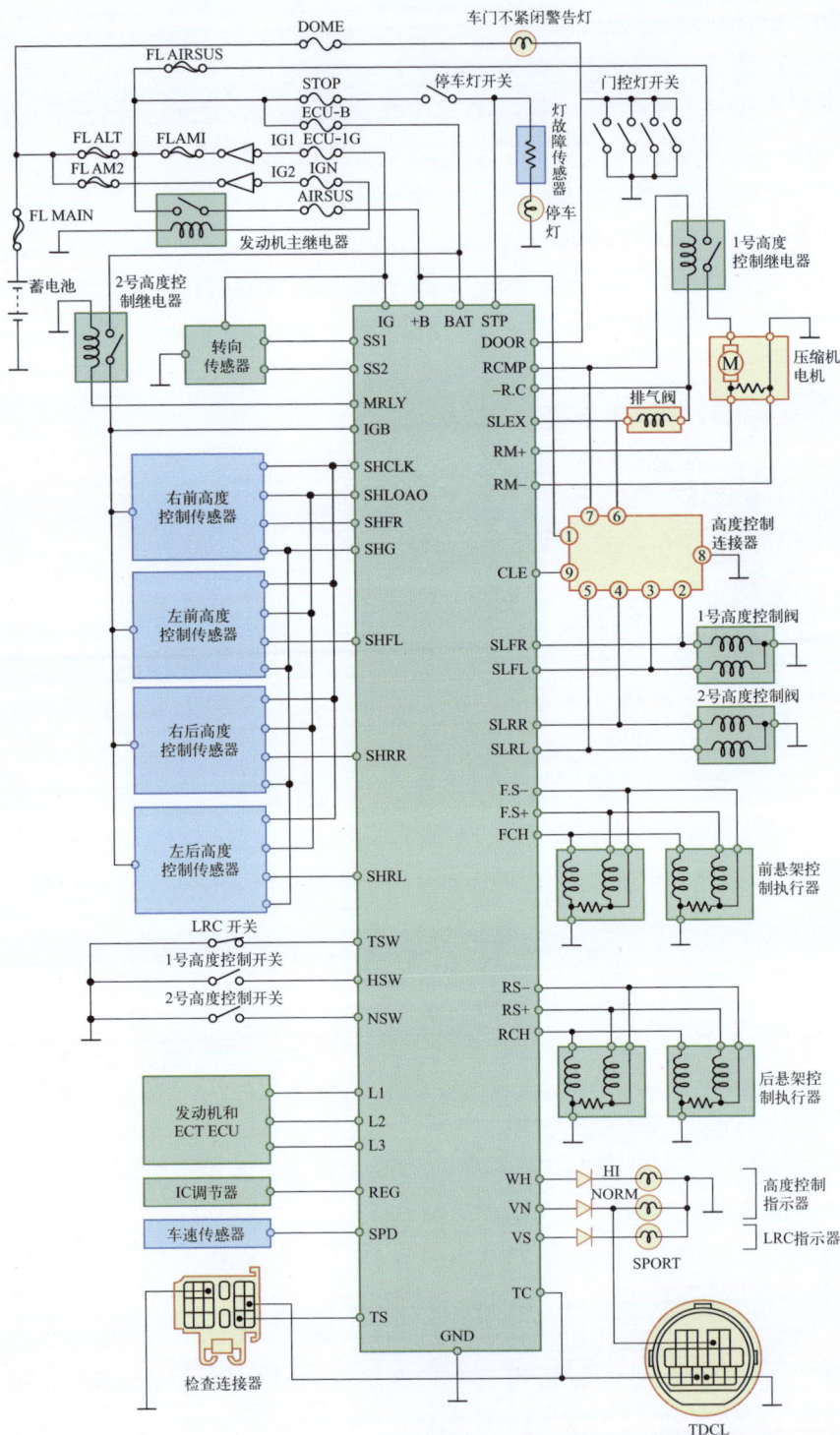

图9-4-3　某雷克萨斯车身电路

❸ 将 1、4、5、7 四脚短接，此时压缩机开始工作，20s 后，始终不见后车身升起。在后备厢右侧找到 2 号电磁阀（后部左右两电磁阀并排安置），重复这项试验，当压缩机开始工作的同时，两个电磁阀有振动感，但后轮气袋没有充气，问题好像还是在两个电磁阀上。

❹ 将 1、2、3、4、5、7 六脚全部短接，再试验，此时在压缩机工作的同时发现整个车身均匀升起，后轮气袋也明显充气。

❺ 将 1、2、3、4、5、6 六脚短接，此时可以看到整个车身均匀下降。这时又重复第 ❸ 步的后轮充气试验，还是充不起后轮气袋。

将 2 号电磁阀的入口管接头脱开再重新做第 ❸ 步的后轮充气试验，发现根本就无气输送到 2 号电磁阀。

再做第 ❹ 步的整车充气试验，结果发现有气输送。随后，顺着 2 号电磁阀的输入管道向前查看，一直检查到右前轮侧的 1 号电磁阀，发现了问题，2 号电磁阀的输入管接在了 1 号左侧电磁阀的出口上，而 1 号左侧电磁阀的气管却接到了 2 号电磁阀的接口上。

将电子悬架系统的气道按照正确接法接好（图9-4-4）后，试车，故障排除。

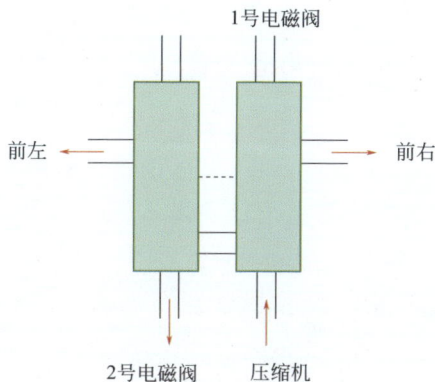

图9-4-4 正确接法

9.4.11 空气悬架失效

（1）故障现象

某丰田皇冠轿车车身高度控制系统失去控制，车身离地面100mm左右，不能正常行驶。

（2）故障诊断与排除

❶ 使用电脑诊断仪读取故障码，内容为：2号高度控制阀对地断路或短路，用于右后侧；为2号高度控制阀对地断路或短路，用于左后侧（图9-4-5）。

❷ 使用万用表依次测量连接器4号和5号脚对地电阻，皆为13Ω左右，均正常。

❸ 使用线跨接连接器2、3、4、5、7号脚与1号脚（电源+B），这时1号和2号高度控制阀和压缩机同时工作，车身可升高到正常高度且断电后可保持这一高度。

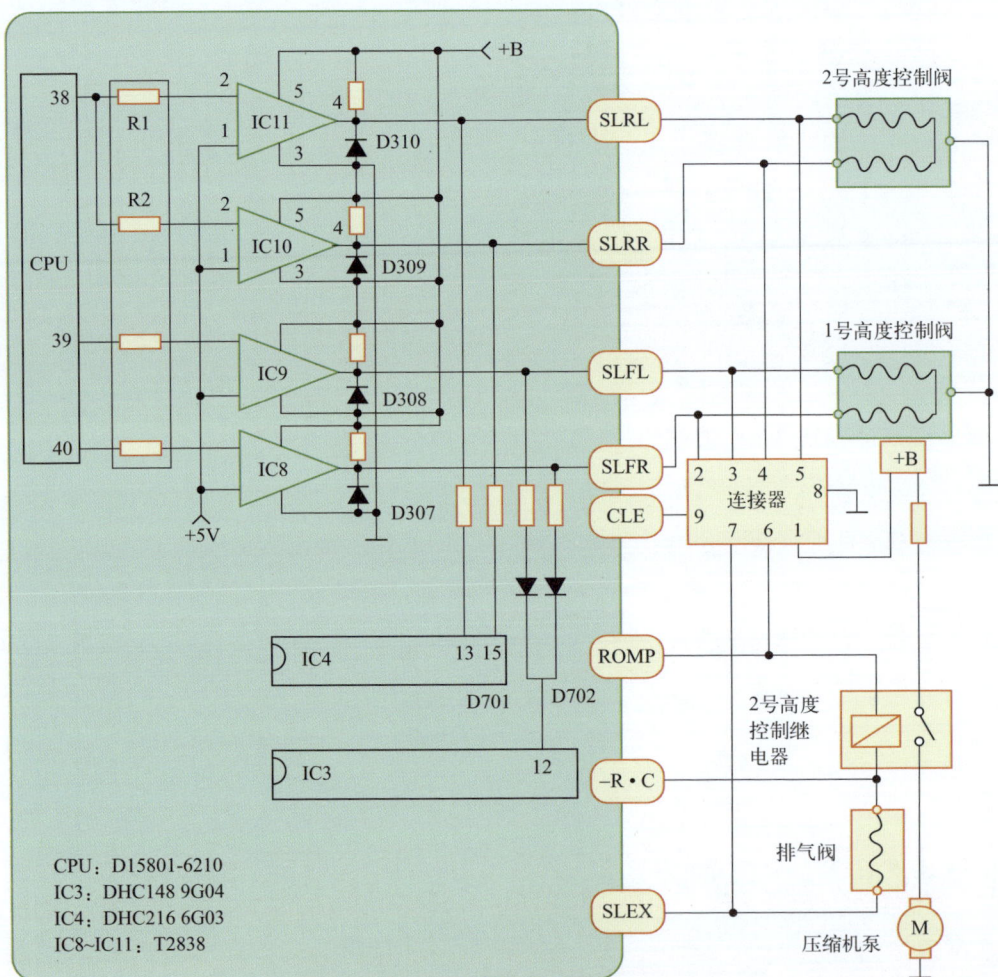

图9-4-5　悬架电脑内部高度控制电路原理

图解汽车芯片技术

④ 使用线跨接连接器 2、3、4、5、6 号脚与 1 号脚，这时 1 号和 2 号高度控制阀和排气阀同时工作，车身可以降低。这说明电脑外部控制电路、高度控制阀、排气阀、压缩机、空气管路和悬挂气囊等皆正常。

⑤ 断电后，故障码不能清除。拆下后备厢右侧悬挂电脑并打开，发现电路板有一处铜箔上的漆皮已经变色。

⑥ 经实际测量，电脑内部高度控制部分电路有故障。当电脑需要控制 2 号高度控制阀时，电脑内部的 CPU（中央处理器）38 号脚输出高电平（+5V），分两路经电阻 R_1 和 R_2 至 IC11 和 IC10 的 2 号脚，从 4 号脚输出 12V 电压，经电脑 26 号、35 号脚到 2 号高度控制阀，控制内部的两个电磁阀开启，完成进气或排气。

⑦ 检测出 IC10 内部断路，无输出。IC11 内部短路，通电时发热严重。两块集成电路均已损坏，集成块型号为 T2838，该集成块属于大功率开关型 5 脚集成电路。

用 TWH8751 替换 T2838（图 9-4-6）。

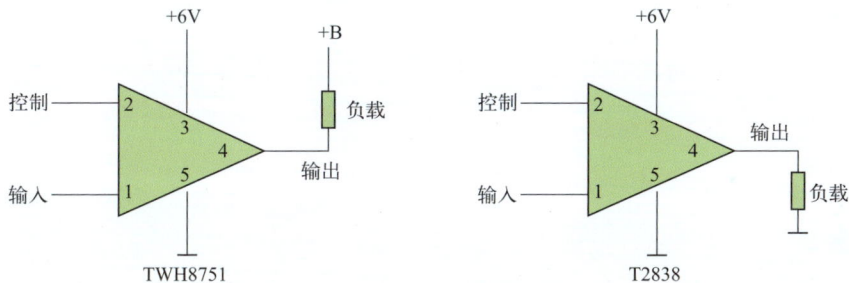

图9-4-6 用TWH8751替换T2838

⑧ 将 TWH8751 第 3 号脚串联一个 680Ω 电阻接入原电路，2 号高度控制阀接地脚改接电源，在原基础上接入三极管 Q1 和 Q2 倒相，分别接入电阻 R_2 和 R_4 限流（图 9-4-7）。

更换集成电路 T2838 后，试车，故障排除。

9.4.12 ABS 泵异响

（1）故障现象

某本田雅阁轿车，ABS 泵工作异响，同时 ABS 故障指示灯点亮。

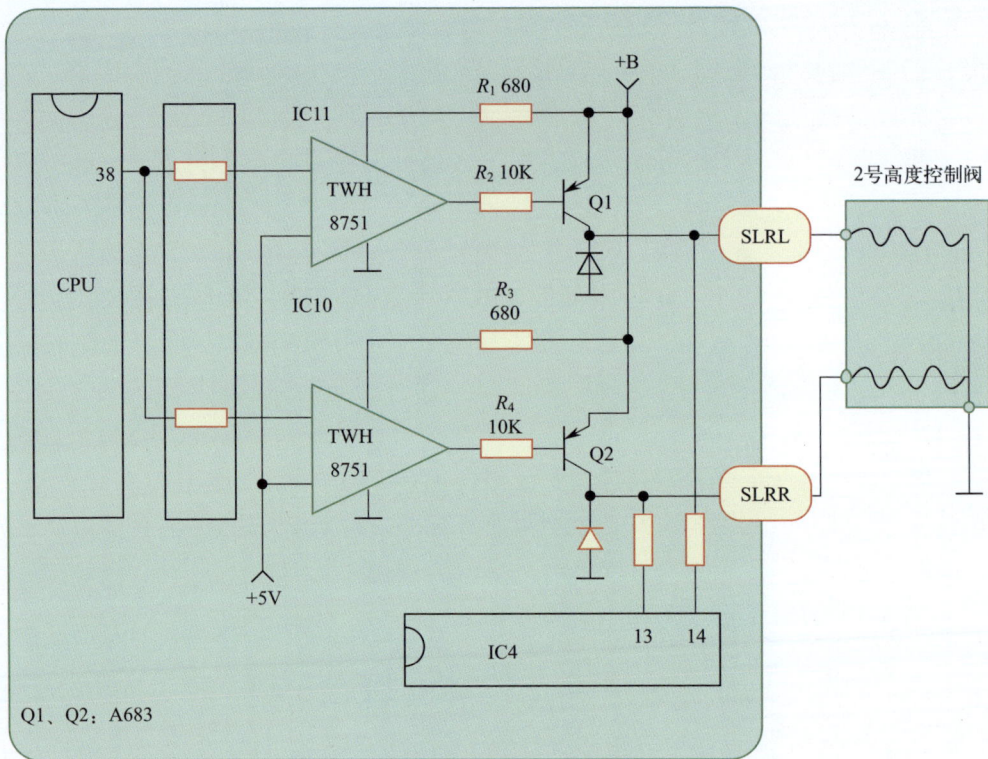

图9-4-7　修复后电路图

（2）故障诊断与排除

❶ 检查制动系统制动液，正常。

❷ 使用电脑诊断仪读取故障码，内容为 ABS 泵超速运转。

❸ 该故障常见的原因有两方面：一是 ABS 泵本身缺油、磨损或者因卸压产生异响；二是 ABS 泵压力开关没有准确信号送给 ABS ECU（以下简称 ECU），使 ECU 误认为 ABS 泵没有建立油压，然后指令 ABS 泵加速运转。因该车已更换过 ABS 泵总成，所以着重从 ABS 泵压力开关入手。

❹ 断开 ABS 泵连接器，用万用表电阻挡测量压力开关端子 4（黄色）与 11（黑色、地线），两者导通开关正常，端子 11 搭铁也正常。理论上端子 4 应有电压，由 ECU 提供，但用万用表电压挡测量时却没有电压。接着从 ECU 端子 19 处测量也没有电压，而 ECU 其他电源供应正常，所以不存在 ECU 本身电源不良的问题，此时可判断故障在 ECU。

更换 ABS 泵总成后，试车，ABS 泵异响消失，故障排除。

9.4.13　制动跑偏，ABS 故障灯不亮

（1）故障现象

某本田雅阁轿车制动跑偏，ABS 故障灯不亮。

（2）故障诊断与排除

❶ 检查后发现右后轮制动力不好，ABS 故障灯不亮。

❷ 更换制动总成后试车，故障依旧。

❸ 检查时发现天窗的排水管从中间断开，打开 ABS 控制单元，发现进水。

换上新 ABS 控制单元，装好排水管后，故障排除。

参考文献

［1］ 李彦. 汽车电脑板维修从入门到精通［M］. 北京：化学工业出版社，2022.

［2］ 曹晶. 汽车防盗技术 原理·应用·检测·匹配·案例［M］. 北京：化学工业出版社，2022.

［3］ 罗健章. 汽车诊断仪检测故障从入门到精通［M］. 北京：化学工业出版社，2024.

［4］ 顾惠烽. 图解汽车线束技术［M］. 北京：化学工业出版社，2025.

［5］ 钟秤平，等. 汽车NVH性能开发及控制［M］. 北京：化学工业出版社，2024.

［6］ 曾小华. 新能源汽车技术手册［M］. 北京：化学工业出版社，2025.

［7］ 周晓飞. 新能源汽车维修工入门全程图解（配视频版）［M］. 北京：化学工业出版社，2025.